Comercio y Marketing

# Marketing digital

## Tendencias del marketing

Gricel Gamarra

Edición original publicada por © Ediciones de la U
Edición autorizada a ICB, S.L. (Interconsulting Bureau S.L.) para España


C/ Flauta Mágica, 1, local 1B. P.I. Alameda
29006 – Málaga. España
Tfno: (+34) 952 28 87 67
www.icbeditores.com
Correo electrónico: info@icbeditores.com

Bogotá, Colombia
www.edicionesdelau.com
Correo electrónico: editor@edicionesdelau.com

Cali, Colombia
www.mentesalacarta.com
Correo electrónico: info@mentesalacarta.com

**Marketing digital. Tendencias del marketing**

**Gricel Gamarra**

**1ª Edición**



ISBN: 978-84-19720-80-1
CÓDIGO: MAIC005337

Impreso en España- *Printed in Spain*

*Dedicatoria*

Para todos aquellos que, al igual que yo,
hacen de su lucha su bandera,
de su soledad la inspiración
y de su camino el aprendizaje.

"Existen dos maneras de ingresar a un mercado:
si somos románticos, lo conquistamos;
si somos bélicos, lo atacamos".

*Gricel Gamarra*

*Agradecimientos*

A mi hija Scarlet y a mi familia.
A mis amigos, que desde sus países contribuyeron
con su granito de arena con sus aportes y comentarios.
Y a todas y cada una de las personas que me brindaron
su apoyo para seguir escribiendo y contribuir
al marketing desde Bolivia y el exterior.

# Contenido

## Lista de imágenes

# PRÓLOGO

Por: Alejandro Ambrad

Si el objetivo del márketing es "seducir" a nuestros clientes, el márketing digital tiene este mismo objetivo, solo que a través de canales digitales. Aunque pudiéramos pensar que lo único que cambia entre estas dos disciplinas es el canal, no es así, porque pasar del ámbito físico a un contexto digital transforma sustancialmente la forma de seducir a nuestros clientes. ¿O acaso es igual enamorar a una persona en una cita cara a cara que a través del whatsapp?

Podríamos pensar también que seducir en una cita presencial es más fácil, y puede que para muchos lo sea, porque a diferencia de una cita virtual, estar frente a una persona nos permite sacar provecho de los 5 sentidos y obtener retroalimentación inmediata. Pero la virtualidad también tiene sus puntos a favor, ya que nos permite llegar a muchas más personas en menor tiempo y con una menor inversión en dinero. En otras palabras, el márketing digital, aunque puede llegar a ser más complejo, es mucho más eficiente que el márketing convencional, así que quienes lo dominen, tendrán una clara ventaja sobre sus competidores.

Muchas empresas que no estaban habituadas a comercializar sus productos o servicios a través de internet se vieron obligadas a incursionar en la virtualidad cuando empezó el confinamiento obligatorio decretado en el mundo entero a raíz de la pandemia del Covid 19. Aunque a la mayoría le costó mucho habituarse a este nuevo medio, puedo asegurarles, por la experiencia que vivimos con muchos de nuestros clientes, que prácticamente todas las empresas, tras el fin del confinamiento, siguen sacando provecho al entorno virtual para seducir a sus clientes.

Este libro te permitirá entender y dar los primeros pasos en el apasionante mundo de la "seducción virtual" que, si algo tiene en común con el márketing convencional, es que quienes sobresalen siempre serán los más innovadores.

# INTRODUCCIÓN

*"Un buen profesional del marketing ve a los consumidores como seres humanos completos, con todas las facetas de las personas reales".*
*Jonah Sachs*

*"El reto del marketing es enfrentar lo digital".*
*Gricel Gamarra*

*"Construye relaciones, no hipervínculos".*
*Scott Wyden Kivowitz*

La edad del universo es de 13.700 millones de años, nuestro planeta tiene 4.543 miles de millones años y el hombre apareció tan solo hace 140.000 años. A lo largo de nuestra historia y evolución, existe un hilo conductor que nos une y a la vez nos diferencia de las otras especies de este mundo azul, un hilo invisible que marca un antes y un después como humanidad, como seres humanos; y no solo nos referimos a las principales características que nos diferencian de las otras especies como el habla, las relaciones sociales, la estructura bípeda, la longevidad y el raciocinio, sino a las más importantes de todas, las emociones y los sentimientos.

Somos seres emocionales con distintos sentimientos sobre una misma realidad, nos comunicamos y relacionamos creando lazos emocionales con los demás para expresar lo que sentimos; reímos, lloramos, nos enojamos, amamos y nos enamoramos; pero existe una gran diferencia entre las dos palabras que desde siempre han movido al planeta.

La pandemia marca un antes y un después en el mundo que cambió y evolucionó; nos vimos sumergidos en el desarrollo de las nuevas tecnologías, la conquista del espacio, los viajes espaciales y la búsqueda de nuevos planetas para habitar, nuevos productos tecnológicos, innovadoras formas de comunicación,

**Imagen #1. Diferencia entre emoción y sentimiento.**

| Emoción | Sentimiento |
| --- | --- |
| Estado físico que surge como respuesta a un estímulo externo. Está antes del sentimiento Fácilmente observable Aparece de forma brusca e intensa. Estado afectivo pasajero. | Es una asociación mental y reacción a la emoción. Posterior a la emoción. No es fácilmente observable. Se presenta con moderada intensidad. Estado afectivo de carácter duradero. |

Gricel Gamarra

*Fuente: Gricel Gamarra*

nuevos hábitos y nuevos consumidores y es en este devenir de cosas que nos adaptamos, generando una transformación con nosotros mismos y el entorno; pero, en esencia, no cambió nada hasta nuestros días, seguimos siendo los mismos desde hace millones años desde la perspectiva de nuestro universo interno, nuestro yo; somos tan emocionales como el primer día que pusimos los pies en el planeta y esta condición, seguramente, se mantendrá diferenciándonos como especie, como humanidad, como individuos, personas o consumidores.

En el marketing, una de las disciplinas más amadas y muchas veces cuestionada, que tiene sus defensores y retractores, vemos que las emociones cobran mayor relevancia dentro de las estrategias y tácticas del mundo empresarial; los estudios demuestran que las decisiones del consumidor pasan por las emociones y las experiencias, donde las compras son realizadas por el corazón y no por la razón.

*Las emocionales son el denominador común que nos diferencia como humanidad y que nos hace comprender el mundo que nos rodea y a nosotros mismos y será el gen que se mantenga incambiable a través del tiempo.*

Por lo tanto...

*El marketing es amor.*

Hoy más que nunca, debemos emocionar al consumidor para fidelizarlo e investigar las emociones que los mueven a tomar decisiones, ya que el poder de las emociones juega un rol protagónico en el marketing y, con el pasar de los años, va consolidándose como uno de los factores más importantes dentro de la planificación y desarrollo de las estrategias.

Pero ¿cómo pueden las emociones hacernos comprar? Es sencillo, las marcas utilizan el marketing emocional para que el consumidor sienta, recuerde, viva, piense y genere ese coctel de emociones que vinculan la marca y el producto para enamorarlos, construyendo un universo de valores y experiencias que generan una identificación.

Al final, todo este conjunto de emociones serán las que marquen nuestra experiencia con la marca y el *feeling*[1] que surja con ella. Esta relación marcará cada vez más la brecha entre consumidores, clientes, fans, embajadores de marca y los que vendrán.

Así entenderemos que los *consumidores* son las personas que compran bienes y servicios para satisfacer una necesidad y que no guardan una fidelidad con la marca o el producto; por su parte, los *clientes*, a parte de satisfacer la necesidad, recibieron de la empresa algo más de lo que esperaban, creando ya un vínculo de fidelidad; por otro lado, tenemos a los *fans*, que son clientes que ya guardan una relación de amor con las marcas y los productos y estas ya forman parte de su vida y recuerdos llevándolos a defenderla si fuera necesario; por último, los *embajadores*

[1] Sentimiento.

*de la marca*, que ya tienen un relación emocional con esta y las empresas que los fabrican y comercializan.

*El amor, las experiencias y la fidelización convierten a las marcas en marcas amadas.*

*Debemos recordar siempre: no vendemos, enamoramos.*

En todo este cambio y evolución, el marketing no solo se adapta, sino que se especializa, apareciendo nuevas estrategias acordes a la tecnología, los medios y los nuevos consumidores que veremos a detalle en el desarrollo de los capítulos del libro.

Capítulo 1

# MARKETING DIGITAL

*"El marketing digital no es el arte de vender un producto. Es el arte de hacer que la gente compre el producto que tú vendes".*
*Hecate Strategy*

*"Los smartphones están reinventando la relación entre las empresas y sus clientes".*
*Rich Miner*

*"Lo que la gente dice de ti será la métrica más importante en el futuro".*
*Shiv Singh*

Para comprender lo que sucede en la actualidad y el camino a la "nueva normalidad", debemos sumergirnos en las diferentes formas que hoy tienen las empresas de llegar a los mercados, analizando la evolución e incorporación de la digitalización al marketing, pasando de lo que hoy se denomina marketing tradicional al marketing digital, o también llamado marketing *offline* y marketing *online*, teniendo siempre claro que el marketing es uno solo y este se nutre de muchas herramientas digitales actuales para llegar a los consumidores, utilizando los nuevos medios de comunicación.

Las estrategias del marketing tradicional tuvieron que adaptarse a la creación de nuevas tácticas implementadas en los medios digitales.

Sin duda, el mundo, las personas y las empresas no seremos los mismos después de la pandemia del COVID-19 y el marketing no es la excepción.

La migración de lo físico a lo digital es una realidad irreversible y la adaptación a ello es indiscutible.

No es que lo *offline* desaparecerá, no, simplemente que se tienen que armar estrategias para ambos mundos y para los nuevos consumidores, adaptando las estrategias y las tácticas a un mundo que aprendió a ser digital, llevándonos a tener una vida híbrida y combinada entre ambos.

Esta nueva realidad marca un antes y un después en la vida de las empresas y los mercadólogos de hoy y del futuro.

Pero tengamos en cuenta esto, el marketing digital no es tan nuevo como parece. Ya en la década de los 80 se utilizaba el concepto para hacer referencia principalmente a hacer publicidad hacia los clientes; sin embargo, durante la década de los años 2000 y 2010, con el surgimiento de nuevas herramientas sociales y móviles, ese paradigma se amplió. Poco a poco, se fue transformando de hacer publicidad al concepto de crear una experiencia que involucre a los usuarios, de modo que cambie el concepto de lo que es ser cliente de una marca.

Así fuimos partícipes de la evolución del marketing en este contexto de adaptación y los cambios tecnológicos que se vinieron dando de manera exponencial en el planeta y vimos cómo se pasó del marketing 1.0, 2.0, 3.0, 4.0 y ahora al 5.0, que sin duda no será último.

El uso del *big data*[2] y la interacción con los usuarios a través de sitios web, aplicaciones y medios de comunicación digitales como las redes sociales se convirtieron en elementos indispensables para el marketing digital.

Los contenidos digitales, los vídeos en línea, la realidad virtual, la realidad aumentada, el metaverso[3] y el cercano futuro del marketing por voz ya son una realidad de nuestros tiempos.

---

[2] *Big data* es un término que describe el gran volumen de datos, tanto estructurados como no estructurados, que inundan los negocios cada día. Pero no es la cantidad de datos lo que es importante. Lo que importa con el *big data* es lo que las organizaciones hacen con los datos. El *big data* se puede analizar para obtener ideas que conduzcan a mejores decisiones y movimientos de negocios estratégicos.

[3] Zuckerberg lanza Meta: "Lo primero va a ser el metaverso, no Facebook", en diciembre del 2022.

**Imagen #2. Evolución del marketing.**

| Tipo de marketing | Objetivos |
| --- | --- |
| • Marketing 1.0 (1890 - 1959)<br>• Marketing 2.0 (1960 - 1989)<br>• Marketing 3.0 (1990 - 2015)<br>• Marketing 4.0 (2016 - 2020)<br>• Marketing 5.0 (2021 - actualidad) | • Mostrar las bondades y atributos del producto/servicio.<br>• Conocer y entender al consumidor. La persuasión como factor clave.<br>• Construir un mundo mejor.<br>• Humanizar las marcas.<br>• Vincular con el cliente y despertar sus sentimientos. |

Gricel Gamarra

*Fuente: Gricel Gamarra*

Pero ¿qué entendemos por marketing digital? Es una rama, una especialidad del marketing que se encarga de diseñar y aplicar estrategias de marketing para medios de comunicación y canales digitales, adoptándose al mundo de la conectividad.

El marketing digital tiene el mismo objetivo que el marketing tradicional, sin embargo, las estrategias y los medios son distintos.

La diferencia esencial entre ambos es que el primero se desarrolla en canales de tecnología digital como plataformas sociales o sitios web y el segundo, en canales tradicionales como la radio o televisión[4].

[4] "Historia del marketing digital", https://www.crehana.com/bo/blog/marketing-digital/historia-del-marketing-digital/, 24 agosto 2021, Hr: 14:22.

## Ventajas del marketing digital

### *Alcance global*

Los medios de comunicación digitales abrieron las puertas al mercado global. El internet y las redes sociales son accesibles desde cualquier parte del mundo. Esto significa que no importa qué tan pequeño sea el negocio, pues una estrategia de marketing digital efectiva puede ayudar a posicionar y vender la marca y los productos sin límites geográficos.

### *Interacción*

El marketing digital es bidireccional y la clave es desarrollar y fortalecer las relaciones con los clientes creando en ellos un sentido de comunidad[5].

Esta interacción permite tener instantáneamente el *feedback* del público, analizando e interpretando sus gustos, preferencias e intereses según las interacciones con el contenido de la empresa, midiendo y analizando las métricas de una manera constante para reformular la estrategia haciéndolo más efectivo.

### *Medición de resultados*

Uno de los factores más importantes dentro del marketing digital son las métricas que las plataformas digitales proveen para hacer un seguimiento a las acciones de los usuarios, realizando estudios de mercado de manera permanente. Estas permiten obtener datos importantes y medir en tiempo real las interacciones.

[5] Esto te ayudará a fidelizar a los clientes.

### *Segmentación del target*

La tecnología ayuda a conocer información de los usuarios de una manera más sencilla. Hoy, segmentar y recoger información de los consumidores se torna más sencillo.

La realidad actual ha vuelto al marketing digital en indispensable en los negocios para poder posicionarlos por delante de la competencia. Es por ello por lo que es de vital importancia estar al día con las tendencias que van surgiendo en la industria.

El marketing digital está lleno de conceptos clave que constantemente se están expandiendo o evolucionado, así que es importante conocer, aunque sea lo más básico, para poder comprender aún más cosas.

## Elementos clave del marketing digital

### *SEO*

El *Search Engine Optimization* (SEO)[6] es la organización de la información de una página web y su estructura para que se posicione entre los primeros lugares en los buscadores.

### *Content marketing*

El marketing de contenidos es la parte más importante del marketing *online*. Es una técnica de creación y distribución de contenido relevante y valioso para atraer, adquirir y llamar la atención de un público meta para convertirlos en futuros clientes.

En capítulos posteriores, desarrollaremos a detalle este tipo de estrategia de marketing.

[6] Este término significa "optimización para motores de búsqueda".

### *Inbound marketing*

Es la principal estrategia de marketing digital en la actualidad. Y, dentro de él, está el marketing de contenidos.

*Inbound marketing* es la estrategia de marketing que busca captar el interés de las personas sin invadir ni interrumpir.

Es un conjunto de técnicas que buscan aportar valor con la utilización de acciones propias, como el marketing de contenidos, la presencia en redes sociales, leads de valor, etc. Se basa en el contacto, donde el primer paso siempre lo da el cliente. No es un fin, sino una consecuencia[7].

### *Social media marketing*

Es el marketing desarrollado en las redes sociales para generar tráfico y lograr que las personas conozcan e interactúen con una marca, creando así una comunidad de seguidores y futuros clientes.

### *SEM*

Este es un concepto que también tiene relación con el posicionamiento en los motores de búsqueda. Sin embargo, es conocido como *Search Engine Marketing*[8] (SEM) o marketing en buscadores e implica el pago del anunciante para aparecer en las primeras posiciones de búsqueda.

---

[7] "El inbound marketing y sus características". https://www.ealde.es/inbound-marketing-caracteristicas/, 23 marzo 2022, Hr: 12:22.

[8] Conjunto de herramientas, técnicas y estrategias que nos ayudan a optimizar la visibilidad de sitios y páginas web a través de los motores de los buscadores.

### *Keyword*

Una *keyword* o palabra clave[9] es el término que las personas emplean para navegar sobre un tema en los buscadores y de esta manera posicionarse en ellos.

## Marketing tradicional vs. marketing digital

Desde sus inicios, el marketing estuvo rodeado de controversias en cuanto a su significado e importancia; desde sus principios asumió diferentes concepciones, tanto desde el punto de vista de sus defensores como del de sus detractores.

A medida que evoluciona, surgen diferentes maneras de concebirlo y entenderlo, desde la concepción de una herramienta para crear necesidades hasta la forma de identificarlas y satisfacerlas; muchos cambios se han generado, leído y experimentado en una disciplina que hoy en día se convierte en el instrumento principal dentro de las empresas, el ámbito personal y los mercados actuales.

El desarrollo de la tecnología, la evolución de los mercados, las nuevas generaciones y los nuevos consumidores suponen un replanteo y una especialización del engranaje principal del mundo empresarial: el marketing, entendido desde nuestro punto de vista como el proceso de identificar necesidades y satisfacerlas a través de experiencias y emociones para alcanzar los objetivos de la empresa con su target y las utilidades. En esta concepción se engloban muchos puntos, desde un enfoque anterior a uno actual.

[9] Tanto el SEO como el SEM tienen relación con este concepto.

La aparición de nuevos medios y de la tecnología dieron paso al surgimiento de varios "tipos de marketing"[10], que, sin lugar a duda, no son otra cosa que la especialización de este para hacer frente a la adaptación tecnológica y la búsqueda constante para llegar de mejor manera que los competidores a los nuevos consumidores.

Producto de ello, nos encontramos hoy ante los diferentes "tipos de marketing" o su especialidad o nuevas estrategias y definiciones que permiten un amplio abanico de posibilidades, medios, diseños, formas, tecnología, contenido como nunca vistos para elaborar estrategias e investigaciones adaptadas a mercados actuales.

No es extraño entonces encontrarnos con los siguientes nombres: marketing holístico, político, social, industrial, ecológico, etc.; o denominaciones actuales mucho más modernas y especializadas como: marketing de contenidos, viral, emocional, de género, digital, on, off, entre muchos otros.

¿Qué pasó?, ¿dónde quedó el marketing tal cual lo conocíamos?, ¿en qué parte del camino nos perdimos?; la respuesta es simple, no pasó nada, el marketing sigue ahí, no nos perdimos, simplemente nos adaptamos a una nueva realidad, entorno social, empresarial y tecnológico donde el marketing cambió, evolucionó, mutó y se especializó para dar respuesta a una nueva era, donde las clásicas 4P planteadas en 1969 por McCarthy siguen vigentes y las cuales también se especializaron a las 7P, las 4C o las P del marketing digital, entre muchas otras más, sin lugar a dudas. Junto con la era digital, también cambiaron las adaptaciones de la clásica teoría del marketing al mal llamado hoy marketing tradicional.

Debemos tener claro que el marketing es UNO y seguirá siendo UNO, que es erróneo pensar que desapareció y mucho menos

---

[10] El marketing es "uno solo"; lo que tenemos hoy son especialidades o tipos de estrategias.

que murió; simplemente evolucionó y se adaptó, puesto que no se puede, en esta era tecnológica-digital, diseñar estrategias de marketing digital sin antes realizar un plan de marketing, que es la base del marketing tradicional y que muchos que hablan de digital lo desconocen. Ambas concepciones forman parte del mismo marketing, al igual que las especializaciones de las que hablamos y que, sin duda, seguirán apareciendo a medida que la carretera tecnológica en la que estamos inmersos siga su desarrollo y en la que el marketing deba seguir su proceso de adaptación para responder a ella y, de seguro, seremos testigos de la aparición de nuevos "tipos de marketing" en este futuro inmediato, cercano y futuro.

***

En tiempos en los que las plataformas de comunicación avanzan a velocidades nunca vistas, Gricel Gamarra nos plantea en este libro un enfoque actual en donde muestra el marketing dirigido a un consumidor más informado y exigente.

Cada vez hay más plataformas para comunicarse y conocer al consumidor, lo cual aumenta los retos en la mercadotecnia actual. Gricel nos explica de una manera didáctica y detallada acerca de estas tendencias, invitándonos a ejecutar estrategias en este apasionante entorno.

**Gaby Huerta**
**Digital Marketing Profesor**
México

***

Con toda la experiencia conquistada, Gricel Gamarra presenta, en su nueva obra *Marketing digital, tendencias del marketing*, un refrescante acercamiento teórico-práctico de la disciplina. Nos lleva por un detallado recorrido a través de todos los componentes que constituyen la visión mayormente integradora del marketing. El planteamiento de la autora desemboca en las estrategias de branding, que inciden en el fortalecimiento del vínculo entre la marca y sus consumidores.

Desde los conceptos más básicos hasta los procesos más sofisticados, *Marketing digital, tendencias del marketing*, es una obra indispensable para comprender qué está pasando con las marcas en la actualidad y los puntos críticos de mayor atención que deberían estar atendiendo los responsables en estas áreas de las empresas y organizaciones a nivel global.

En síntesis, *Marketing digital, tendencias del marketing* se integra a la literatura especializada con el prestigio y trayectoria de una influyente y prolífica autora, como lo es Gricel. Auguro un éxito más para la escritora que ha estimulado nuestras mentes, pero que está más presente por tocar nuestros corazones.

**Tony Luna (@brandiosas)**
**Director de brandiosas.com**
México

Capítulo 2

# LOVE

*"El próximo horizonte será la integración profunda entre el mundo físico y el mundo interactivo. El futuro del online es offline".*
*Cyriac Roeding*

*"El marketing actual ya no va sobre el producto que haces, sino sobre las historias que cuentas".*
*Seth Godin*

*"Google solo te empieza a amar cuando todos los demás te aman primero".*
*Wendy Piersall*

El marketing y el amor son dos elementos que, como el agua y el aceite, no se mezclan, pero siempre están juntos.

Hablemos del sentimiento que mueve el universo: el amor, y para ello empezaremos dando algunas definiciones y veremos cómo se relaciona con el marketing, para comprender cómo estas dos pasiones han movido el mundo en todas las épocas y a lo largo de la historia.

## Amor e historia

Platón decía que el amor es una locura divina; es una comunión con la divinidad. En otras palabras, amar es buscar la trascendencia humana para conectar con aquello que es eterno[11].

Para Aristóteles, su discípulo, el amor es la voluntad de querer para alguien lo que se piensa que es bueno; es amigo quien ama

[11] "Existe el amor platónico". https://www.unisabana.edu.co/portaldenoticias/al-dia/noticias-al-dia/detalle-noticias-al-dia/noticia/existe-realmente-el-amor-platonico-2/, 16 agosto2021, Hr: 14:54.

y es, a su vez, amado, porque los amigos deben estar mutuamente en esta disposición; el amigo es quien se alegra con los bienes de su amigo y se entristece con sus penas[12].

Entonces, ¿qué es el marketing? Para Philip Kotler, considerado el padre del marketing, este es el proceso social y directivo mediante el cual los individuos y las organizaciones obtienen lo que necesitan y desean a través de la creación y el intercambio de valor con los demás. En un contexto de negocios más estrecho, el marketing implica la generación de relaciones de intercambio rentables y cargadas de valor con los clientes[13].

De acuerdo con el gurú de la dirección Peter Drucker, "el propósito del marketing es hacer que la venta sea innecesaria". Las ventas y la publicidad son solo parte de algo más grande llamado la mezcla de marketing, un conjunto de herramientas de marketing que trabajan en conjunto para satisfacer las necesidades de los clientes y forjar relaciones con ellos[14].

Por su parte, para Seth Godin, considerado uno de los talentos del marketing actual y más celebrados del mundo, es "Hacer sentir a la gente que forma parte de algo".

Desde nuestra concepción, el marketing es el proceso mediante el cual las empresas satisfacen necesidades a través de emociones y experiencias que generan los productos y la marca con el fin de enamorarlos.

De las definiciones anteriores, vemos que existen conceptos que, de una u otra manera, hablan de vínculos emocionales, lazos de amor entre las marcas y las personas.

---

[12] "Emociones en Aristóteles". https://www.redalyc.org/journal/4137/413755833007/html/, 16 agosto 2021, Hr: 14:58.

[13] Kotler Philip y Armstrong Gary. *Fundamentos de marketing*. 11.ª edición, Editorial Pearson, 2013. Pág. 5.

[14] Kotler Philip y Armstrong Gary. *Fundamentos de marketing*. 11.ª edición, Editorial Pearson, 2013. Pág. 5.

Varios son los sentimientos que mueven al mundo y que nos mueven, pero, sin lugar a duda, el más fuerte de todos es el AMOR. Quién de nosotros no anduvo en las penumbras de la madrugada suspirando por alguien, quién no dejó besos en algunas copas, quién pasó noches sin dormir acompañado de su insomnio pensando en alguien o quién lleva una sonrisa en el corazón por alguien que marcó su vida. Sin duda, todos.

## Amor

El amor es el sentimiento que nos acompaña y en todo momento está presente en el camino, en nuestra vida y forma parte de nuestro día a día, al igual que el marketing, que a través de las estrategias despierta emociones, crea experiencias y genera lazos entre la marca y las personas[15].

¿Quién no está o estuvo enamorado alguna vez? Recordemos esos días o ese tiempo cuando de un simple gusto empezamos a sentir algo por alguien, esa primera mirada o aquella sonrisa que desató una relación entre dos, sin importar el tiempo juntos, estuvo ahí y se vivieron momentos que perduran en el tiempo, lo mismo que buscan las marcas por medio de sus productos en cada uno de sus mercados.

Aunque antes las cosas eran un tanto más difíciles, ya que para conocer y acercarnos a alguien se hacía a través de los amigos y de los teléfonos fijos, que no nos permitían estar en contacto todo el tiempo; hoy, la tecnología y las redes sociales han facilitado las cosas, el saber más de alguien está a un solo clic en un perfil para leerlo, verlo, conocerlo, identificar sus gustos, preferencias y comportamientos, lo que facilita el acercamiento, la comunicación y las relaciones, en definitiva, antes y ahora

[15] Dentro del documento, se utiliza la palabra "personas" cuando se hace referencia a los consumidores, dado que nos parece pertinente denominarlos de esta manera.

existía una clave: el conocer, investigar; es imposible enamorar a alguien que no conocemos. Las empresas hacen lo mismo: investigan a sus consumidores, los identifican y conocen para llegar a ellos, acercarse y dejar experiencias que generen recuerdos día a día.

No se puede armar una estrategia de marketing de ningún tipo si primero no se conoce al público al que la estrategia se dirigirá.

## El marketing y el amor

Pero ¿qué tiene que ver esto con el marketing? Pues mucho, ya que los *marketers* primero investigan, analizan y conocen al *target* antes de diseñar estrategias y tácticas, buscando identificar los móviles que llevan a las personas a tomar decisiones de compra del producto o servicio, de una u otra marca, para crear mensajes que impacten y lleguen a provocar emociones y experiencias. Esa es la labor del marketing actual y seguramente del marketing del futuro.

Desde hace varios años y a través de mis libros de marketing y poesía, denomine a esta forma, a esta manera de hacer marketing y llegar a los mercados como PoeMarketing, que no es otra cosa que "Llegar al corazón de las personas para enamorarlos con la marca, generando experiencias con el producto y creando lazos a través de las emociones"[16].

Hoy como nunca, las marcas deben enamorar y no vender, creando una relación o vínculo entre el marketing y el amor que supone el eslabón entre lo tangible e intangible, entre la marca y el consumidor, el producto y el corazón; vínculo indeleble entre la empresa y el mercado.

---

[16] Gricel Gamarra

**Imagen #3. Amor y marketing.**

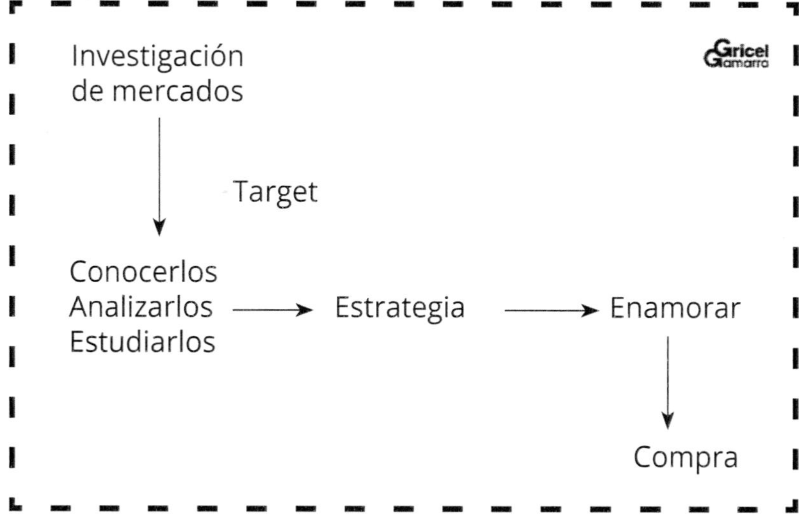


*Fuente: Gricel Gamarra*

## ADN del marketing

En este sentido, el marketing está formado, al igual que nuestra genética, por un elemento clave e indispensable para que la compañía pueda transitar en la carretera de la digitalización e innovación para adaptarse a los nuevos mercados y personas de nuestra era en transformación. Ese elemento es el ADN del marketing, el PoeMarketing, es decir, la inspiración, emoción, amor y experiencia en su primera cadena y la marca y las personas que unen la segunda cadena que son el marketing, el mercado, el producto.

Para comprender de mejor manera este planteamiento, tenemos la siguiente imagen #4.

**Imagen #4. ADN del marketing.**

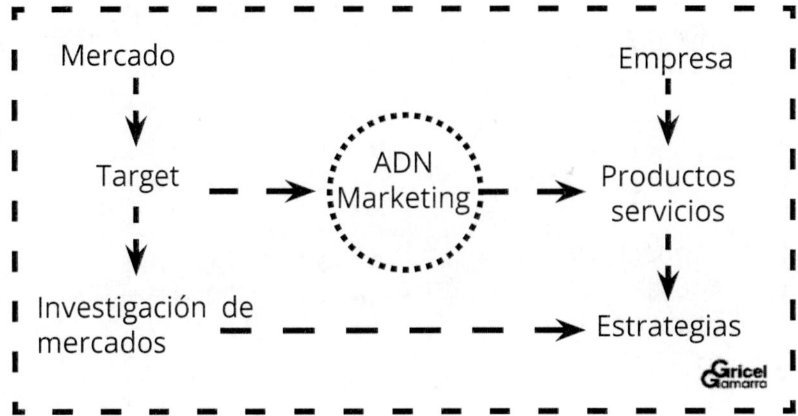


*Fuente: Gricel Gamarra*

Ahora veamos algunos puntos que reflejan la relación entre el marketing y el amor:

- Las empresas tienen hoy en día como prioridad conocer al consumidor.
- Las marcas no venden, enamoran.
- Guardamos en el corazón las marcas que tenemos posicionadas.
- Las compañías se preocupan y están pendientes de sus mercados.
- Los segmentos dialogan, opinan y comparten los intereses de sus marcas.
- Las marcas están presentes en cada momento de nuestros días.
- El cliente es fiel a sus marcas preferidas.
- Se plantean estrategias que emocionen, nos hagan reír, sentir y reflexionar.
- Nos conocen, saben qué necesitamos y nos ofrecen productos mejores.
- El marketing actual no es vender, es conquistar.
- Una estrategia de contenidos llega al corazón del consumidor.
- Las emociones y sentimientos construyen una marca.
- Contamos historias para enamorar.

- La publicidad gusta, pero el contenido enamora.
- Estrategias románticas llegan al corazón del consumidor.
- Para lograr posicionamiento, se necesitan conexiones emocionales.
- El contenido del mensaje es importante, pero la forma de decirlo también.
- No se trata de vender, sino de emocionar.
- Despertando emociones, enamoramos al consumidor.
- Las marcas deben ser recuerdos a través de experiencias y emociones.
- El marketing debe enamorar, no solamente conquistar.
- El marketing es la poesía con la que las marcas conquistan el corazón del consumidor.
- El camino de las marcas es llegar al corazón del consumidor.
- Los nuevos programas de marketing están centrados en generar experiencias en el consumidor.
- El marketing actual busca emociones.
- La experiencia en el consumidor creará la lealtad a la marca.
- Enamoramos con la marca para fidelizar con la estrategia.
- En un mundo digital, emocionar al consumidor es la clave.

***

Cada ser humano es único y genuino. Con sus virtudes, defectos, problemas, gustos e intereses. ¿Por qué hoy existen todavía muchas empresas que se empeñan en hacer publicidad de sus servicios o productos sin tener esto en cuenta? Por norma general, este tipo de empresas realizan un marketing intrusivo y nada segmentado que lo único que provoca es el rechazo o desinterés de la mayoría de las personas que lo ven. De la misma manera que cambiamos de canal de televisión cuando aparecen los anuncios o *spots* publicitarios en mitad de nuestra programación preferida. Exactamente lo mismo.

El marketing, tanto el digital como el tradicional, debe fundamentarse en la perspectiva y necesidades de nuestro público objetivo. Si no, estaremos tirando a la basura recursos muy preciados para nuestra empresa. Tiempo, energía y dinero. Lógicamente, las grandes compañías y marcas no tienen inconveniente en lanzar campañas de millones de dólares en televisión. Es más que probable que capten la atención de una mínima parte de su cliente potencial, pero la mayoría de empresas y pequeños negocios deben gestionar de manera excelente sus recursos para optimizar la inversión al máximo. ¿Cómo se hace esto?

Desde el punto de vista de una empresa (tal y como soy bajo mi marca personal), he de decirte que lo primordial es enfocar nuestra estrategia de marketing en el tipo de cliente ideal. Conseguir especificar lo mejor posible aquellos rasgos y características que componen la figura de esa persona que nos está buscando y que necesita nuestro producto o servicio. Para ello, se debe realizar de manera exhaustiva un estudio de mercado, para identificar los canales en los cuales comunicaremos nuestro mensaje en base a los gustos y modo de vida de este tipo de cliente, para después extraer datos y conclusiones que nos lleven a realizar un buen marketing que ayude, solucione y conecte con la audiencia que sea susceptible de comprarnos después.

En el marketing digital, esta labor se hace infinitamente más sencilla de planificar. La inmensidad de herramientas y plataformas digitales que nos ofrecen estos datos es abrumadora. Haciendo una excelente recopilación de estos datos, podremos determinar con poco presupuesto qué tipo de publicidad realizar, a quién enfocarla y cómo administrarla en el tiempo para que nos sea más rentable.

Por lo tanto, antes de lanzar campañas en las que necesites mostrar las bondades y beneficios de tu producto, invierte en planificarlas en profundidad. Déjate asesorar por un profesional que tenga experiencia (como Gricel Gamarra) e invierte en perfilar lo mejor posible a tu cliente ideal. Ese tipo de persona que realmente está buscándote, pero que, probablemente, aún no te conoce.

**Hugo Cotro**
**Experto en Marketing de Contenidos**
España

***

"Internet es una moda pasajera y millones lo están abandonando". Así rezaba el titular del periódico británico *The Daily Mail* el 1 de diciembre del año 2000, cuando no existía ni Google, ni Facebook, ni Amazon ni ninguna de las redes sociales actuales, cuando se usaban cosas como Altavista o Netscape, hoy ya extintos, y cuando la escandalosa caída de la burbuja de las *puntocom* en la bolsa solidificaba esa creencia que comenzó con un espectacular crecimiento del 400 % en 1995 y reventó en marzo del año 2000 con caídas de más del 80 % y la desaparición de grandes "promesas".

Casi cuatro lustros después de ese momento, le está pasando lo mismo al mal llamado "marketing digital"; que se llenó de miles de entusiastas y miles de agencias de dudosa procedencia denominadas de "marketing digital" y que nunca en su vida habían estudiado la disciplina del marketing y se consideraban expertas en un campo imposible de serlo, ya que el cambio ahí es la única constante. Y digo que es mal llamado marketing digital porque no es que sea una nueva disciplina del marketing; el marketing es marketing desde sus orígenes en el siglo XIX y lo digital es un medio más, como los medios masivos lo fueron en su momento. El marketing no ha cambiado en su esencia, el que cambia es el consumidor, quien ha sido y será siempre el foco de esta disciplina, y es donde tenemos que poner nuestros esfuerzos y pasiones, enamorándonos del problema y del dolor del cliente y nunca de nuestro producto o solución.

Aunado a lo anterior, en un estudio elaborado por la Global Marketing Association, se destaca que casi 7 de cada 10 directivos de marketing de las 500 empresas más importantes en América Latina no estudiaron marketing y que su única experiencia en la disciplina se centraba en su propia trayectoria laboral sin haber estudiado nunca las bases y, peor aún, nunca haberse actualizado de forma externa y formal a lo aprendido en su propio trabajo. Contadores, ingenieros, comunicólogos y hasta químicos, entre otros, son los representantes directivos del área de marketing de grandes empresas y no es sorpresa para nadie, entonces, que no estén logrando los objetivos y hagan parecer del marketing algo superfluo y sin bases científicas o numéricas y sean fácilmente engañados por vendedores de espejos y humo.

Así pues, de ahí la relevancia de este libro que tienes en tus manos de mi estimada Gricel Gamarra, donde con su estilo único nos mantiene una vez más al día de los temas más relevantes y los aborda de forma seria e integral para que puedas normar tu criterio y mantenerte vigente en esta apasionante disciplina; que cuando la conoces de verdad, irremediablemente te enamora y te seduce, como cuando conoces el verdadero amor y, en nuestros tiempos, parece ser que ya no hay tiempo para el amor y no es que se acabe el amor, lo asesinan tantas cosas, capricho, tedio, ego, ambición, justo lo que mata también al verdadero marketing. Lee este libro, abre tu mente y lee cuidadosamente cada capítulo, pues te aseguro que, sin importar tu nivel de experiencia, siempre se puede aprender algo nuevo, como siempre podemos volver a enamorarnos, y es que el amor y el marketing siempre necesitarán del ocio para encontrarnos nuevamente, así como los matrimonios deberían aspirar al noviazgo y no dejar de buscar nuevas formas de amarnos y hacer el marketing.

**César Enríquez**
**Director Global Marketing Association**
México

Capítulo 3

# *COMMUNICATIONAL*

*El marketing sin datos es como conducir con los ojos cerrados".*
*Dan Zarrella*

*Convierte al consumidor en el héroe de tu historia".*
*Ann Handley*

*Hoy es importante estar presente, ser relevante y añadir valor".*
*Nick Besbeas*

Hoy más que nunca la comunicación es un elemento importante de nuestra vida, no quiere decir que antes no lo haya sido, sino que, con los nuevos medios de comunicación, portátiles, tabletas, relojes y móviles, hoy estamos más hipercomunicados que nunca[17] y estos son parte de nuestra vida diaria e instrumentos indispensables en el mundo actual.

Sin duda, cuánta razón tenía Marshall McLuhan (1911-1980) cuando afirmaba que los medios de comunicación son extensiones del cuerpo humano y que cualquier invento o tecnología es una extensión o autoamputación del cuerpo físico y, como tal extensión, requieren, además, nuevas relaciones o equilibrios entre los demás órganos y extensiones del cuerpo.

¿Quién de nosotros no ve su móvil y revisa sus redes sociales antes de dormir?, ¿cuál de nosotros al despertar lo primero que hace es revisarlo?, inclusive antes de lavarse o de cepillarse los dientes, ¿quién de nosotros no lo olvidó en casa algún día y no le importó regresar porque se sentía desnudo sin él?, ya es parte de nuestro cuerpo. Hoy sonreímos más a las pantallas que a las personas; estamos tan absortos que cada vez conversamos menos con las personas que tenemos cerca; no por nada las estadísticas nos muestran que lo vemos alrededor de 52 veces al día en promedio.

---

[17] Cada día se envían alrededor de 100.000 millones de mensajes a través de WhatsApp (13 de octubre 2022).

La hiperconectividad nos ha llevado a la poca interacción personal; pese a estar tan comunicados y contar con los medios para llegar con un solo clic a contactarnos con cualquier parte del planeta, cada vez nos comunicamos menos. Una de las ironías de la digitalización y que, probablemente, cada día irá en aumento con la llegada de la realidad aumentada, la realidad virtual y el metaverso.

Ya decía McLuhan en 1964: "Situando nuestros cuerpos físicos en el centro de nuestros sistemas nerviosos ampliados con la ayuda de los medios electrónicos, iniciamos una dinámica por la cual todas las categorías anteriores, que son meras extensiones de nuestro cuerpo, incluidas las ciudades, podrán traducirse en sistemas de información". ¡Y lo dijo en la década de los 60!

Somos lo que vemos, lo que escuchamos, lo que escribimos y así lo muestran las redes sociales.

La comunicación no solo es un elemento importante entre la empresa y el mercado, también lo es entre la empresa y sus colaboradores. No solo pensamos en el marketing externo[18], sino también en el marketing interno[19], ya que de nada sirve tener un buen producto/servicio, contar con ventajas competitivas, colocarlo en los "mejores canales"[20] de distribución o que tenga un precio competitivo si la empresa no lo comunica codificando y creando mensajes transmitidos en medios tradicionales y digitales para llegar a su *target*.

Hemos estado a lo largo de la historia comunicándonos y hemos creado los medios para tal efecto; en plena digitalización actual y al movernos en dos mundos simultáneamente, el *offline* y el *online*, contamos con medios en ambos y seguramente irán surgiendo nuevos de aquí para adelante que la empresa tendrá

[18] Marketing comercial.

[19] Endomarketing.

[20] El mejor canal de distribución no existe, todo depende de cuál es el producto y a qué segmento de mercado está destinado.

que aprender a utilizar para conectar con su mercado interno y el externo.

Pasamos de los medios impresos, como libros, periódicos, revistas, historietas, volantes, al surgimiento de la electricidad y con ellos a los medios electrónicos, como la radio, el cine y la televisión, y luego al súper medio de comunicación: internet.

Internet es un medio de comunicación complejo y diferente a sus antecesores. Tiene la particularidad y la capacidad de combinar dos funciones básicas: ser un canal de distribución para los medios tradicionales (generalista) y proporcionar un espacio de expresión para emisores emergentes de diversa índole (temáticos o no). Estas condiciones se cruzan con la modalidad económica de acceso: suscripción, pago por tiempo de uso del servicio, libre de costos, tarjetas prepagadas, entre otras, que configuran distintos tipos de navegación[21].

En este constante desarrollo, evolución y transformación también de la comunicación y de los medios, aparecen los nuevos modelos comunicativos dentro de las estrategias de marketing, aplicados para llegar a los mercados también en constante cambio y transformación.

*Nunca como hoy, el hombre y las empresas han estado tan comunicadas.*

Sera un reto ver cómo nos adaptamos a los nuevos cambios que supone nuestro tiempo y los que vendrán, a los nuevos medios y la nueva manera de comunicación e interacción personal y empresarial.

El futuro ya está aquí y llegó para quedarse.

---

[21] "Evolución de los medios de comunicación masiva". https://reconciliandomundos.com.ar/evolucion-de-los-medios-de-comunicacion-masiva/, 21 agosto 2021, Hr: 20:14.

## Modelos comunicativos evolución y desarrollo

Dentro de la transformación empresarial y digital en el ámbito del marketing, tenemos diferentes modelos comunicativos que también están en un continuo desarrollo y cambio.

A la par que la evolución del marketing, estos modelos comunicativos van cambiando y especializándose; así tenemos:

***B2B Business To Business***

Donde las transacciones de bienes o la prestación de servicios se producen entre dos empresas (particulares o no), por tanto, se relaciona principalmente con el comercio mayorista, aunque también puede referirse a prestación de servicios y consumo de contenidos.

Paul Hague, Nick Hague y Matthew Harrison, autores de *B2B Marketing: What Makes it Special*, lo definen como: "conocer las necesidades de otros negocios, pero sabiendo que, al final, la demanda de los productos hechos por estos terminará siendo usada por consumidores particulares en sus casas"[22].

Actualmente, se han abierto enormes oportunidades al desarrollo de modelos de negocio B2B debido, entre otras, a las siguientes razones:

- Rapidez y seguridad en las comunicaciones.
- Facilidad de integración de procesos y de comunicación interna: intranets, extranets.
- Posibilidad de ampliar el ámbito en el que encontrar *partners* con los que colaborar.

[22] "¿Qué es B2B y B2C en marketing?". https://www.entrepreneur.com/article/308985, 21 agosto 2021, Hr: 20:27.

- Abaratamiento de los procesos de preventa: reuniones virtuales, solicitud de propuestas, subasta de contratos *online*.

El marketing B2B se vincula, principalmente, con la industria, las instituciones y el Gobierno y sus características son:

- Centrado en la lógica del producto, es decir, en sus características. El mercado lo que quiere es saber más acerca del producto y de qué manera les ayudará.
- El proceso de venta es más largo y a mayor escala. Esto se debe a que la decisión de compra es más premeditada. Por ello, la propuesta de valor debe ser más detallada.
- El volumen de clientes es más pequeño, pero el volumen de compra es más grande. Como el abanico de clientes es más reducido, se pueden llevar a cabo estrategias más precisas.
- Los clientes están focalizados en mercados específicos y reducidos.
- Existen muchos canales de distribución.
- La publicidad es más personalizada[23], por lo que se suele realizar en eventos del sector.
- Busca alcanzar metas a largo plazo.

### B2C *Business To Consumer*

Se refieren al mercado de consumo masivo, es decir, empresas que ofrecen productos o servicios a personas. Por lo tanto, el marketing B2C está orientado a destacar los beneficios personales que aporta el producto a los consumidores a través de la emoción. Los esfuerzos también se centran en reforzar la marca a través de publicidad repetitiva[24].

Sus principales características son:

---

[23] El futuro del marketing y la publicidad es la personalización.

[24] "Diferencias entre el marketing B2C y B2B". https://www.iebschool.com/blog/diferencias-entre-b2b-y-b2c-marketing-estrategico/, 21 agosto 2021, Hr: 20:36.

- Apelar a la emoción y a los sentimientos para crear una necesidad inmediata y despertar el deseo de compra por parte de los consumidores.
- Se trabaja para que el proceso de compra sea breve y se motiva al público con promociones y descuentos.
- El número de clientes es grande, pero el volumen de compra menor.
- Los clientes están dispersos.
- Los canales de distribución son más reducidos.
- La publicidad se suele realizar a través de los medios masivos tradicionales.
- Busca resultados rápidos e inmediatos.

### C2C *Consumer to Consumer*

Es una práctica muy común dentro del marketing y se utiliza especialmente dentro del *e-commerce*. Este modelo de negocio suele llevarse a cabo en plataformas que ponen en contacto a consumidores finales para que puedan realizar un intercambio de productos.

Entre sus principales ventajas están:

- La compra y venta de productos entre particulares es muy sencilla y cómoda.
- Cualquier persona puede acceder a este tipo de mercado.
- Es posible encontrar cualquier producto, esté o no de moda.
- Permite comprar y vender a particulares de otras zonas geográficas.
- Se pueden encontrar los mejores precios.
- Permite una negociación directa.

### *H2H Human to Human*

Busca establecer una cercanía con el cliente, cosa que los tres modelos anteriores no lo consideraron y hoy es vital dentro de las compañías.

Las relaciones humanas están basadas en interacciones entre personas, son una parte importante de la vida cotidiana. Permiten construir comunidades, amistades y desarrollar proyectos. Al implementar el H2H en el marketing digital, los consumidores están más cercanos a la empresa, atraídos por el trato humano que reciben. Al mismo tiempo que estos reconocen que detrás de una empresa, institución u organización hay otro ser humano[25].

El H2H se adapta a los procesos comunicativos, siendo cercano y accesible con el consumidor. Aunque se centra en la comercialización del producto, este modelo busca eliminar la división entre vendedor y comprador. La publicidad y mensajes carentes de sentido y llenos de palabras vacías dan lugar a un lenguaje y a unas acciones más acogedores y cercanos con el cliente.

Los 5 elementos del modelo H2H que benefician a la marca son:

### *Aportar*

Las empresas tienen que aprender de la humanidad de la gente para poder transmitir ese mismo sentir en sus mensajes.

### *Pertenecer*

Los lazos de fidelización surgen a partir de los mismos usuarios que, satisfechos con una marca, la comparten y ayudan a generar más leads.

### *Sentir*

Una forma de humanizar marcas es la creación de sensaciones positivas en las personas. Con el simple hecho de acercarse y comprometerte con el bienestar de ellos, la relación se solidifica.

---

[25] "¿Conoces el modelo H2H (Human to Human) y su aplicación en el marketing digital?". http://elearningmasters.galileo.edu/2020/03/10/modelo-h2h-human-to-human/, 21 agosto 2021, Hr: 20:45.

***Incluir***

Ellos disfrutan formando parte de algo, que su voz sea reconocida, que puedan opinar y aportar.

***Entender***

La comunicación y la tecnología han evolucionado de tal modo que las personas exigen transparencia para poder confiar en las marcas. Si esta no es visible, generará desconfianza.

Con la tecnología no solo evolucionaron los medios de comunicación, sino los modelos de comunicación que fueron acercándose hacia el consumidor como persona, sus sentimientos, percepciones y experiencias.

El modelo que nos interesa es el actual, el H2H Human to Human, para comprender al consumidor como persona y llevar a las marcas a su humanización en su concepción más elevada y sostenible de diferenciación.

Podemos decir que la historia y la tecnología están moldeando las nuevas concepciones y el accionar dentro de las compañías, que a su vez significan grandes transformaciones y rupturas de paradigmas en mercados cada día más competitivos.

**Imagen #5. Modelos comunicativos.**

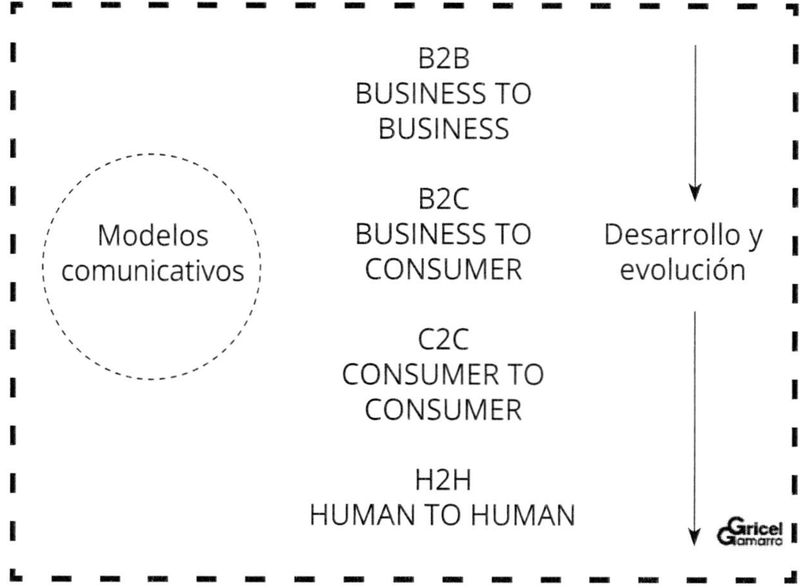


*Fuente: Gricel Gamarra*

***

*La marca de un nómada*, la secuela de un PoeBrand mal pronunciado.

La marca personal es una oda permitida al egoísmo.

¿Errantes o ermitaños? No sé si somos más nómadas que narcisistas. La respuesta es ambas. Todo lo que hacemos obedece a esa incontrolable sed por perdurar. Incluso al anclarnos al momento, estamos ofreciendo un respiro y culto a la utopía que hemos fabricado, la compramos cara y la vendemos en abonos.

*La marca de un nómada* fue un intento por explicar mi metodología de marca personal, una charla de formato TEDx disponible en YouTube con dicho título. Siendo sincero, el remedio salió peor que la enfermedad, pues el dolor es ese grito que nos hace desear la eternidad aun sabiéndonos tan ínfimos. Recibí felicitaciones, pero también mucho "hate", lo cierto es que logré mi dosis enfermiza de atención; lo demás, sale sobrando.

Si tuviera la oportunidad de dictar la charla de nueva cuenta, la haría menos pretenciosa, les contaría menos mentiras, pero eso sí, les estafaría con mayor confianza, les haría creer que me invitaron porque les faltó un speaker y, al verme pasar, me pidieron rellenar el turno.

La charla es una huella evidente de las heridas, del deseo, de la pasión que nos hace arriesgarnos por legar. Desde mi punto de vista, es muy bello hacer arte prácticamente de la nada y justo era lo que intentaba contar en la participación. En otras palabras, quería enfatizar que no soy nada y, aun así, intento dejar una huella lo suficientemente indeleble para que alguien que me suceda la recuerde y le sirva de guía. En resumen, "la marca personal es una oda permitida al egoísmo".

Ahí radica la estafa, en que le somos fieles a una personalidad. Por más que diga que haría una charla distinta, la realidad es que, cuando pasó, fui pretencioso porque eso soy, lo estoy siendo ahora, al referenciarme como si fuese el gran autor. La verdad es que solamente iba por la calle cuando de pronto me entregaron un micrófono y me pidieron hacer un *stand up*. Fatal, no dio risa.

El *personal branding* se basa en explotar los talentos intrínsecos de una persona para hacerlos públicos. Durante muchos años, he ayudado a políticos, artistas, profesionistas y empresarios a consolidar su MARCA, quizás lo que me pasó es una enfermedad por contagio. Este padecimiento es solamente controlable, no hay cura, es crónico y progresivo.

Considero que "no hay mejor poesía contemporánea que el marketing", su presencia es una advertencia de lo esencial del arte, en particular, lo vital de la poesía. "Nadie ama a su patria porque es grande, sino porque es suya", esta frase del pensador

Séneca se hila con la anterior, pues la poesía de nuestra época es la creación de marcas efímeras, personales y caprichosas, les amamos no porque sean geniales, sino más bien porque es lo que existe, lo que tenemos, porque son nuestras, les podemos poseer y recitar (sobre)viviendo los días.

**Dr. Arturo González Salas**
**/ En redes sociales: Dr. de Empresas / https://arturogonzalez-salas.com**
México

Capítulo 4

# *EMOTIONAL*

*Internet ha sido la innovación más importante durante mi vida y en los últimos siglos".*
*Rupert Murdoch*

*Para focalizar la atención al cliente, hay que ver a este como una persona real".*
*Brigitte Seumenicht*

*Todo el marketing debería comunicar algo con verdadero significado".*
*Guy Kawasaki*

Es importante, dentro de la concepción del marketing, su ADN y los procesos comunicacionales, realizar un análisis de los elementos que componen la fibra interna de cada una de las letras de la palabra y el concepto actual de la disciplina para ver su importancia y su relación con las decisiones que hoy deben tomar las empresas.

## Algunas definiciones

Empezaremos dando algunas definiciones y analizaremos cada una de ellas, desde nuestra perspectiva, y la forma en la que forman parte del proceso dentro del marketing actual.

El punto de partida serán las emociones, como elemento motor que lleva al ser humano a tener un sentimiento de diferente clase, como la alegría, tristeza, amor, tristeza, celos, admiración, esperanza, gratitud, satisfacción, etc., que siempre parten de un estímulo externo provocado por "algo" o "alguien".

Desde esta perspectiva, y dentro de la óptica del marketing, las emociones lograrán generar un vínculo afectivo entre el producto o la marca con la persona/consumidor que provocará que este se sienta identificado y adopte a la marca como algo propio, como un elemento de su diario vivir y cotidianidad, es decir, la marca se convierte en un huésped eterno dentro de la mente, el corazón y el hábitat de la persona.

El segundo elemento, los sentimientos, que no son otra cosa que los pensamientos que nacen después de experimentar una emoción. Esto lo sabe muy bien el marketing de sentimientos, que busca despertar emociones en los clientes para crear conexiones emocionales que den una ventaja, posicionamiento y fidelidad hacia la marca.

En muchas ocasiones, la nostalgia es uno de los sentimientos más utilizados en el marketing, las estrategias y las campañas publicitarias, llamadas "publicidad retro", que lo que buscan es la interacción, el enganche entre la marca y las personas a través de los recuerdos.

Los sentimientos son los pensamientos que nacen después de experimentar la emoción y, en definitiva, los seres humanos somos seres sentimentales; estos forman parte de nuestra naturaleza y a lo largo del día experimentamos infinidad de ellos gracias a esta capacidad para experimentarlos.

Emoción y sentimiento se diferencian entre sí en el sentido en el que la emoción es una respuesta fisiológica que nace después de percibir algo a través de los sentidos, mientras que los sentimientos son "emociones complejas" que nacen al interpretar de forma racional lo que sucede y las emociones que experimentamos. Los sentimientos son menos intensos, pero más prolongados en el tiempo.

*El amor es perdurable en el tiempo y el espacio.*

El tercer elemento, las experiencias, que, según el diccionario de la RAE, son un "hecho de haber sentido, conocido o presenciado alguien algo". La definición habla de sentir y de que los sentidos juegan un papel clave en la creación de experiencias.

Las marcas que son capaces de estimular los sentidos de manera positiva hacen vivir experiencias que serán recordadas, con lo que será más fácil llegar al posicionamiento.

Obtenemos percepciones emocionales e información sobre la marca a través de las experiencias. Esto es el inicio y la base del marketing experiencial o marketing de experiencias, que toma todos estos elementos, el cual consiste en crear experiencias para llegar al cliente de forma creativa y memorable, consiguiendo crear vínculos emocionales entre consumidores y marcas, donde lo más importante es el cliente, sus percepciones y emociones y donde, muchas veces, lo menos es más y no se necesitan grandes inversiones o recursos.

El último elemento, no menos importante que los anteriores y que está relacionado con ellos, son los sentidos; el ser humano dispone de herramientas biológicas que le permiten interactuar con su entorno y los hacen reaccionar. Estos medios o formas de contacto con la realidad que nos rodea son los sentidos: oído, vista, olfato, tacto y gusto.

Así tenemos al marketing sensorial que se enfoca en los sentidos generando una emoción y experiencia positiva asociada a la marca que ayuda a que se genere la compra de un producto/servicio.

## Sentimientos y su proceso

Por lo antes expuesto, vemos que los sentimientos tienen un proceso: percibimos a través de los sentidos la realidad que nos rodea, esto genera emociones que despiertan sentimientos, los sentimientos generan experiencias, aunque el proceso puede iniciar en cualquiera de estos elementos e influir a las demás, y si son descritos como elementos independientes y separados están íntimamente relacionados entre sí.

**Imagen #6. Proceso de los sentimientos**

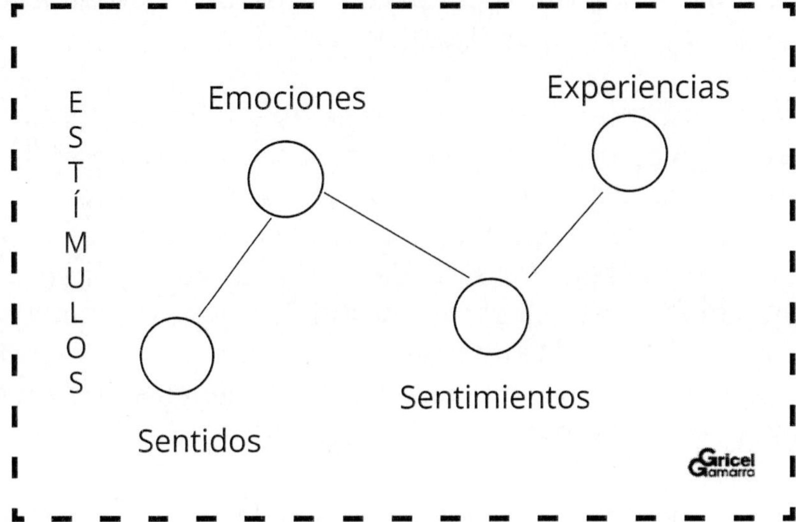


*Fuente: Gricel Gamarra*

## Tipos de marketing

De este proceso derivan las nuevas estrategias de marketing o también llamados los tipos de marketing, como:

- Marketing emocional
- Marketing sensorial
- Marketing experiencial
- Marketing de contenidos, que llevaran a la creación y gestión de la marca
- *Branding*, etc.

## Claves para emocionar

Son muchos los elementos que se pueden tomar en cuenta para emocionar al consumidor. Aquí se exponen algunos de ellos para tomarlos en cuenta dentro de las estrategias del marketing emocional.

**Imagen #7. Tipos de estrategias o tipos de marketing**

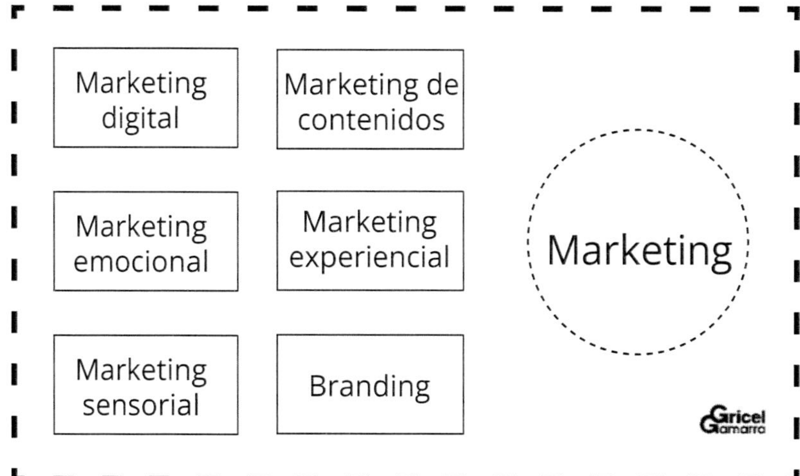


*Fuente: Gricel Gamarra*

### *Generar sentimientos de cercanía*

Debemos dejar de lado la idea de que la empresa tiene que vender bondades de sus productos; ahora debemos hablar de lo que el producto o servicio puede hacer por el cliente.

### *Humanizar la marca*

Es importante dar a la empresa la capacidad de sentir a la hora de comunicar con los clientes y mostrar la cara humana de la marca; lo artificial o fingido ya no convence al nuevo consumidor.

### *Generar actitud positiva*

La clave para ganarse al mercado es la empatía, conocerlo, investigarlo, analizar la data es importante, así la empresa se pondrá en su lugar y comprenderá lo que exactamente necesitan para ofrecerles el producto adecuado.

### *Diferenciación*

Se debe destacar el producto de una manera diferente, dotándole de personalidad propia y enfocándolo de la forma idónea.

***

El marketing tardó más de 70 años en entender que su principal foco de atención debería ser el cliente.

Un ser humano, que si bien es verdad que tiene un 99 % de similitud en su esencia, se diferencia con este 1 % en cómo siente, piensa, percibe las cosas.
Por esto, Gordon C. Bruner, en su publicación: *El momento de la reconceptualización*, en el año 1989, plantea el trasformar uno de los pilares de los fundamentos del marketing, las famosas 4P, en las 4C, visión que daría un cambio de dirección en los esfuerzos de la mercadotecnia hacia el cliente, transformando, por ejemplo: la P de Producto hacia la C de Concepto, ya que el ser humano no solo desea la parte física, sino el concepto el cual satisface sus necesidades, necesidades que encierran variables del entorno y cómo estas son satisfechas.

La obsolescencia de los productos o servicios hace que estos sean pasajeros y requieran ser reemplazados cada vez con mayor velocidad, mientras que la experiencia que se vive al adquirirlos puede ser memorable, etérea y perdurable en el tiempo.

A finales de la década del 2000, Brian Fetherstonhaugh propone las 4E, hipótesis en la que se da gran realce a las experiencias, una nueva forma de proponer: ya no solo hacer una transacción, sino una relación con nuestro cliente.

Ahora la forma de comunicación ha cambiado. Antes bastaba con ir un poco más aprisa que nuestra competencia para sacar una ventaja significativa ante ellos; hoy, si corres, apenas los alcanzas, ahora sin duda debemos llegar más lejos, enamorar a nuestra tribu, hacer algo inesperado, el sobrecumplir sus expectativas es nuestro mayor reto.

Nos reinventamos y debemos utilizar todo lo que tenemos cerca para conquistar la mente de nuestro público objetivo, para romper aquella barrera percibida en ocasiones con poca sensibilidad, como son los canales *online*, para acercarnos más, para brindar una caricia a nuestros sentidos mediante un poema, que se transforma en contenido y crea experiencia de marca. Este es un camino diferente que nos hace más antifrágiles, como nos enseña Nassim Nicholas Taleb, en el cual cambiamos lo tradicional por algo completamente innovador.

Tengo el grato honor de no solo conocer a Gricel Gamarra, sino también aprender de ella, quien con sus letras marca el camino para futuras generaciones brindando herramientas nuevas, quien se atreve a pensar diferente, siempre entendiendo en base de su preparación que podemos hacer algo nuevo, sin conformarnos con lo escrito, con el conocimiento adquirido, sino profundizando en entender más allá de solo conocer.

Conceptos nuevos, como PoeMarketing y PoeBrand, que nos hacen reflexionar que tenemos un abanico de posibilidades dentro de la ciencia que es el marketing, eso es aportar, marcando el camino en la industria, sin conformarse con lo existente, amando con cada una de nuestras células lo que hacemos y brindando un aporte significativo a quienes, como yo, hemos tenido el grato placer de leer lo que Gricel nos brinda.

En cada página de sus libros se conoce un poco más de ella y siempre desearás leer un poco más, debido al sutil aroma a perfume que emana cada letra impresa en sus enseñanzas; eso es marketing, la pasión que impregnamos en lo que hacemos por nuestras marcas y que Gricel lo representa con una calidad inigualable...

**Luis Eduardo Salazar**
Ecuador

***

Considero esencial que todo tipo de organización, al igual que sus recursos, se comience a caracterizar por su espíritu crítico y analítico. Estamos invadidos de información, la cual muchas veces puede ser imprecisa y poco confiable. Por tal motivo, recomiendo la lectura del nuevo libro de mi colega Gricel Gamarra para hacerse con nuevas herramientas e interpretaciones, las cuales lograrán disputar seguramente más de una creencia en varios lectores.

Escuchar y entender el mercado es materia obligada para cualquier rama del marketing. Lograr que tanto nuestro cliente externo como interno al otro día nos vuelvan a elegir. Estas son algunas de las definiciones, las cuales se logran enriquecer a partir de la lectura de este nuevo libro. Y, por supuesto, al tratarse de una materia no específica, se podrá generar más de un debate.

Respeto la dedicación y pasión de Gricel en su día a día por enriquecer al marketing desde un sitio más poético y artístico. La multiplicidad de argumentos y puntos de vista logran enriquecer el conocimiento colectivo. Y, en este caso, me encontré con una mirada diferente de la materia a la cual me dedico; por eso invito al lector a sumergirse en un diferente estilo de observar al marketing.

**Julián "GAITA" González**
Argentina

Capítulo 5

# *EMOTIONAL MARKETING*

*"El cerebro reacciona 3 mil veces más rápido ante un estímulo emocional que ante uno racional".*
*Enrique Rojas*

*"El consumidor olvidará lo que dijiste, pero jamás olvidará lo que le has hecho sentir".*
*Eric Kandel*

*"El 70 % de las compras están determinadas por la emoción".*
*Enrique Rojas*

Desde nuestra experiencia y concepción, entre todos los tipos nuevos de marketing que existen y que, por cierto, son muchos, este es el más importante, ya que sin él sería imposible crear el vínculo entre el consumidor y la marca.

Crear vínculos es crear fidelidad y lealtad, elementos indispensables en la era digital y la competitividad existente en los mercados.

Pero ¿qué es crear un vínculo? Sin duda es mantener una relación, es enamorar para estar y quedarse en el corazón y la mente del consumidor, convirtiendo a la marca en una huella, en una constante día a día.

El marketing emocional trata de movilizar a las personas a través de sus sentimientos o sensaciones para que sus actitudes y acciones sean favorables hacia un producto, servicio o marca[26].

Este tipo de marketing nace sobre la premisa de que, en el momento en el que se produce una decisión de compra, siempre existen motivos que están basados en la emoción.

---

26 "¿Qué es el marketing emocional?". https://acumbamail.com/glosario/marketing-emocional/, 23 agosto 2021, Hr: 13:22.

En definitiva, es aquella disciplina cuyas estrategias de venta de un producto o servicio están centradas en conectar con el público a nivel comunicacional[27].

Pero ¿qué es el marketing emocional del que hoy se escribe y habla tanto? Desde nuestra concepción, es una especialización del marketing donde se busca llegar al corazón del consumidor a través de contenidos emocionales que la marca despierta en el consumidor, por lo tanto, las emociones son la base y la forma en la que las marcas se humanizan para romper la barrera racional existente entre los consumidores, las marcas y los productos.

Es por esto que hablar de marketing emocional es hablar de marca y emociones, sin duda, la parte más humana del marketing.

Llegar al corazón del consumidor, enamorarlo, crear marcas más humanas que generen un vínculo emocional es la clave, ser diferentes y llegar no solo a la mente del consumidor, sino quedarnos en sus recuerdos para siempre. Toda una ventaja competitiva y todo un gran trabajo emocional; un reto que las empresas deben asumir.

El marketing emocional, por lo tanto, busca impactar en las emociones a través de la marca. Cómo se logra esto: generando un valor diferente en lo que se ofrece y narrando historias (*storytelling*) que logren que la marca quede guardada no solo en la mente del consumidor, sino en su corazón.

Debemos entender que, para hablar de marketing emocional y poder aplicarlo, es imprescindible tener en cuenta algunos elementos que son importantes para lograr el efecto deseado, por lo tanto, no es exclusivo e independiente y está relacionado con el marketing de contenidos, el *storytelling*, el marketing experiencial y el *branding* y que, a su vez, forman parte de la estrategia de marketing de la empresa.

---

[27] "Marketing emocional". https://economipedia.com/definiciones/marketing-emocional.html, 23 agosto 2021, Hr: 13:25.

Entendiendo esto, podemos mencionar que la forma de despertar emociones engloba una serie de estrategias que se deben desarrollar: desde conocer al consumidor e identificar qué lo emociona, cuáles son sus gustos y preferencias hasta ver qué emociones se quieren despertar, además de buscar una diferenciación que genere valor al consumidor, llegando a las emociones que generen la humanización de la marca para enamorar al consumidor por medio de las experiencias.

## Características del marketing emocional

Por lo tanto, las principales características del marketing emocional son:

- Generar y despertar sentimientos en la mente del consumidor, causando un efecto duradero y un alto grado de empatía.
- Crear interacción en los medios de comunicación digital.
- Ayudar a construir y mejorar la imagen de la marca[28].
- Potenciar el vínculo con el cliente y su satisfacción.
- Llegar al corazón del cliente y perdurar más en el tiempo, llevándolo a repetir la compra, lo que supone mayor posibilidad de generar más ventas.

## Beneficios del marketing emocional

Los principales beneficios que obtiene una empresa al realizar campañas de marketing emocional son:

### ***Mejora el posicionamiento de marca***

Al hacer sentir partícipe al usuario y humanizar la marca, se mejora la percepción que la audiencia tiene de la misma.

[28] Trabajar la parte emocional es un plus para cualquier empresa.

Al asociar emociones positivas a una marca, se contribuye a la mejora de la percepción e imagen que transmite.

Al conectar emocionalmente y llegar al corazón del consumidor, se genera mayor impacto y recuerdo.

Al ser diferente a la competencia, se permite a la marca posicionarse de mejor manera.

## Refuerza el grado de fidelización

Una marca que transmite sentimientos logra una conexión especial con el usuario y crea unos lazos afectivos hacia la misma. Las personas buscan en una marca, además de satisfacer sus necesidades, que le aporte un valor original y diferente al resto de los competidores.

Si la marca alcanza la conexión empática con el usuario, habrá conseguido su lealtad.

***Impulsa la prescripción de los usuarios satisfechos***

Si se consigue hacer feliz al cliente, este será el mejor embajador de la marca.

Si el usuario está implicado en la marca, hablará en positivo de ella y será su mejor prescriptor.

Un contenido que emocione logra una viralización rápida, ya que la audiencia estará dispuesta a compartirlo de forma gratuita.

***Diferenciación de la competencia***

Permite diferenciar tanto productos y servicios entre sí como la marca de sus competidoras[29].

***Lealtad a la marca***

El vínculo que se crea entre el cliente y la marca va más allá de la relación comercial, por lo que se aumenta la lealtad a la marca.

***Conseguir nuevos clientes***

El marketing emocional consigue nuevos clientes por su carácter sentimental, empatiza con los clientes[30].

***Aumento de la reputación***

Asociar la marca o productos con emociones como alegría, optimismo o solidaridad hace que la reputación de esta mejore.

***Perdurar en el tiempo***

Las campañas de marketing emocional son recordadas en el tiempo porque apelan a un sentimiento o emoción que puede ser revivido incluso muchos años después[31].

---

[29] En un mercado tan competitivo como el actual, el marketing emocional puede marcar esa línea diferenciadora entre empresas.

[30] Además, los clientes fieles recomiendan la marca a su entorno, lo que proporciona nuevos consumidores.

[31] Los anuncios que recordamos de nuestra infancia son los que están realmente ligados a los sentimientos.

**Imagen #8. Marketing emocional.**

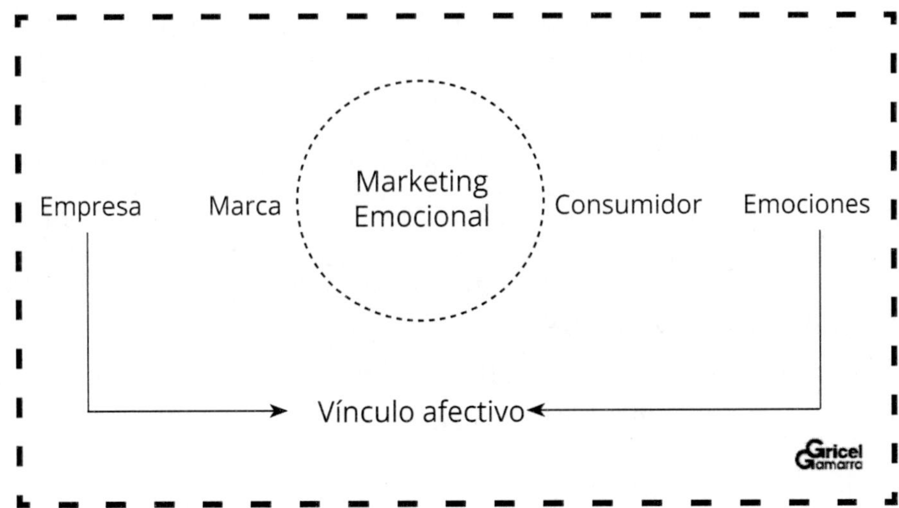


*Fuente: Gricel Gamarra*

***

Estudiar la carrera de Marketing es una de las satisfacciones más grandes que he tenido en mi vida. Una vez dentro, me di cuenta de que no podía ni deseaba salir. Una vez que lo comencé a estudiar y a aplicar, pude centrarme en la investigación y en el comportamiento del consumidor. En este campo, es como si tus conocimientos experimentasen una espiral que te impulsa a moverte más rápido y sucesivamente.

Hoy en día ya no es necesario solo estar actualizado, sino conectados con conocimientos, personas y eventos que nos ayuden a entender mejor el camino que hemos decidido seguir.

La movilidad del mundo nos impulsa a estar actualizados, investigando, conectado y construyendo. Hacer y escribir sobre marketing requiere de una amalgama de estos últimos. Es interesante ver cómo han evolucionado los conceptos y los autores referentes al respecto. Durante este trayecto profesional, tuve la oportunidad de conocer el trabajo de Gricel Gamarra desde el enfoque funcional y emocional.

Su orientación de temas tiene mucha coherencia con este movimiento progresivo y constructivo al cual el marketing va dirigido. Entender el mercadeo actual y cómo se proyecta a la aplicación desde lo emocional es una de las fortalezas del análisis y práctica que utiliza Gricel. Necesitamos rumbos que permitan ver perspectivas (a veces invisibles) de la mano de experimentados en el campo y que posean una serie de evidencias.

Esta octava entrega te lleva de la mano por el marketing digital, emocional, sensorial, experiencial, de contenidos, *branding* para aterrizar en su propuesta muy diferencial de PoeMarketing y PoeBrand. Gricel hace un gran trabajo en conjugar lo práctico y teórico de los diferentes temas y cómo sus ejes comunes se complementan, se asocian y se potencian. En el plano del marketing digital, este libro propone conceptos y proposiciones que ayudan a concebir una visión más amigable y realista de la situación actual de los negocios y cómo podemos aprovechar comercialmente este efecto para, posteriormente, tener un plan que nos sirva en el mediano y largo plazos.

Gricel sigue investigando, asesorando, trabajando y aplicando sus conocimientos mientras aprende otros nuevos que nos transmite a través de los casos y ejemplos de esta obra.

La visión está fundamentada en aplicar todo hacia el poder y la influencia de la marca. Siempre he considerado que la marca es lo más importante y en este plano comparto totalmente el enfoque brindado en el libro.

Gricel logra conjugar acertadamente sus talentos para brindarnos una obra digna de ser revisada y difundida. En esta ocasión, dispara toda una experiencia acumulada en sus libros anteriores, artículos, charlas, docencia y consultoría en las páginas de este libro. No podemos considerarlo un libro solamente, sino un asistente. Será una herramienta indispensable para los estudiantes, empresarios y personas que se están iniciando en el mundo del marketing. También está enfocado para aquellos emprendedores que desean entender posturas innovadoras y fáciles de entender para ser aplicadas a sus negocios. Su lenguaje fácil, amigable, pero con alto contenido técnico, facilita la comprensión de la lectura. Tenerlo será un *must*.

Necesitamos gente que desee cambiar el mundo desde las letras. Necesitamos gente con la pasión suficiente como para seguir contando historias, experiencias, técnicas y posiciones que ayuden a consolidar nuestra visión del mundo y, en este caso, del marketing y los negocios. Necesitamos seguir siendo influidos por las personas adecuadas. Necesitamos seguir conectando con el conocimiento y romper las barreras de lo incierto. Necesitamos crecer.

Leer este libro te ayudará a conseguir todo lo mencionado siempre y cuando añadas dos ingredientes que los pones tú: tu actitud y tus ganas de aprender. ¡Te invito a disfrutar de este viaje con Gricel!

**Marco Calvache Sánchez**
Ecuador
www.themarketingsnacks.com

Capítulo 6

# *SENSORIAL MARKETING*

*Rompe los miedos y olvida la inercia, escucha,*
*observa y siente a tus clientes, conecta, interactúa y actúa".*
*Willy Azarcoya*

*El objetivo del marketing es conocer y entender tan bien*
*al consumidor que el producto o el servicio se adapte a él como un*
*guante y pueda venderse por sí solo".*
*Peter Drucker*

*Eleva el valor percibido a través de los sentidos,*
*la emoción conduce a la acción y da un 10 % adicional".*
*Brigitte Seumenicht*

El marketing sensorial es la manera de conectar las marcas con las personas apelando a los cinco sentidos. Así, las empresas pueden conectarse con la memoria y las emociones de los consumidores llegando de mejor manera con sus productos o servicios.

Más ampliamente, el concepto de marketing sensorial a través de los estímulos sensoriales ayuda a distinguir productos. De ese modo, los artículos están grabados en nuestra memoria y se han vuelto parte del proceso de compra a la hora de decidir cuál escoger[32].

Una investigación de la Universidad de Rockefeller concluyó que el cuerpo humano recuerda (ver imagen siguiente):

[32] "Marketing sensorial". https://economipedia.com/definiciones/marketing-sensorial.html, 24 agosto 2021, Hr: 10:58.

**Imagen #9. Recuerdos.**

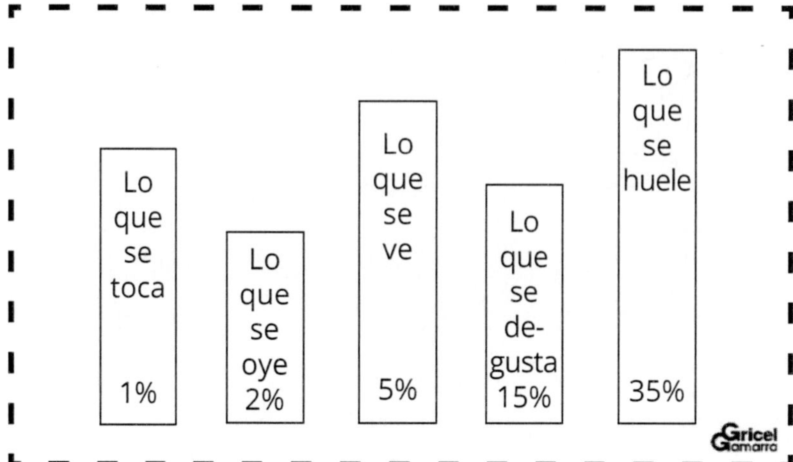


*Fuente: Alvarado, Liliana. Brainketing. Universidad Peruana de Ciencias Aplicadas, 2013.*

## Estrategias y sentidos

Se pueden realizar estrategias de marketing para cada uno de los cinco sentidos y a continuación lo explicamos:

### *Marketing visual*

Este tipo de marketing está aplicado al sentido de la vista, donde el usuario se fija en los colores, las formas y los volúmenes. El objetivo de las empresas es lograr un posicionamiento en forma de imagen.

La positividad en los mensajes ayuda a que la mente del consumidor guarde esa imagen.

### *Marketing táctil*

El sentido del tacto ofrece una ventaja porque establece una relación más directa con el producto.

Esto es común de ver en las tiendas de ropa, donde los consumidores pueden ver y tocar los productos sabiendo con mayor precisión lo que quieren.

### *Marketing gustativo*

Este sentido se relaciona con los otros y, a su vez, los despierta. El sabor puede hacer que el producto sea fácilmente reconocible y permanece en el recuerdo.

Las degustaciones de productos en los puntos de venta favorecen la compra y el recuerdo de los productos que se dan a probar.

### *Marketing auditivo*

La introducción de la música hace que los usuarios relacionen esas melodías con los productos. En ocasiones, se recuerda más la canción que el producto en sí. El objetivo de este tipo de marketing es asociar la música al producto y crear sensaciones positivas en los clientes que favorezcan la oportunidad de compra, como se observa en las tiendas de ropa, perfumes o accesorios.

### *Marketing olfativo*

Se utilizan aromas y esencias para relacionar un producto o una empresa. Los negocios personalizan su olor para crear sensaciones agradables que favorezcan la compra[33].

El olor llama la atención, provoca sensaciones, influye en el estado de ánimo y evoca recuerdos, convirtiéndose en una manera creativa y diferenciadora de llegar a consumidores saturados de imágenes y contenidos. El marketing olfativo se convierte en una nueva oportunidad dentro de las empresas.

---

[33] Empresas como Sturburcks o Dunkin Donuts utilizan esta estrategia con el objetivo de crear un entorno agradable y óptimo para fomentar la entrada del público.

Como menciona Liliana Alvarado en su libro *Brainketing*, el marketing olfativo es lograr que el acto de compra se convierta en un momento de confort y placer sensorial para el cliente, soportando las emociones positivas, consiguiendo que disfrute la experiencia de compra para que esta sea satisfactoria.

*Nada hay en la mente que no haya estado antes en los sentidos (Aristóteles).*

## Colores, percepciones, gusto y olfato

El hombre de las cavernas ya pensaba que los diferentes tipos de productos tenían sabores diferentes según el color de estos; en la actualidad, eso no ha cambiado, ya que nuestras percepciones dependen de ellos.

Los estudios actuales confirman nuestras percepciones, asociaciones y gustos, por ejemplo: el rosa se asocia, en general, con lo azucarado; el verde, a lo salado; el naranja, a los condimentos; el amarillo, a lo ácido y el azul es el color menos alimentario que existe[34].

Yendo un poco más lejos, vemos que la claridad de un color influye también en nuestra percepción del gusto. Para conseguir, por ejemplo, el buen color de un kétchup picante, el rojo oscuro es considerado mucho más picante que el rojo medio y este más picante que el rojo claro. Cuanto más saturado es el color, más pronunciado es el gusto[35].

Finalmente, el color debe ser aceptable con relación al producto y al marketing.

---

[34] A excepción de algunos cócteles y bombones, no está en ninguna parte.

[35] Aunque también se debe considerar la cultura de los consumidores, ya que, por ejemplo, una mayonesa debe ser bastante amarilla en Francia y muy blanca al otro lado del Atlántico.

El olfato está también muy influenciado por el color, ¡mucho más de lo que creemos! Hay asociaciones naturales entre el color y un olor específico. Si huele un jugo de naranja de color verde, lo confundirá, sin duda, con un jugo de limón.

Por supuesto, el café huele más fuertemente a café en un envase de color café. Y los bombones de chocolate, en un envase de chocolate. Cuanto más rojo es un jarabe de fresa, más huele a fresa.

Por estas razones, un consumidor no comprendería que una galleta azul-verde no oliera a menta. Por ello, es importante elegir, con cuidado, el color del producto y el envase; además, es importante dosificar la saturación del color, ya que, cuanto más colorido es un producto, se percibe como más oloroso.

Finalmente, del mismo modo se asocian los colores fuertes con los colores oscuros y a la inversa. El color y la intensidad de este inciden en la percepción de un olor.

Cualquiera que sea el sector de actividad de las empresas, escuchamos decir a los *marketers* en todos los medios de comunicación: "el gran regreso del color". Y sí, nada más real en nuestros tiempos y en la era digital. Veamos el por qué con algunos ejemplos: la industria del esmalte de uñas casi duplicó su número de negocios con más de 200 tonos propuestos a los clientes por algunas marcas. Los tintes de cabello rojos, azules y verdes no se reservan solo para los punkis. Jamás hubo tantos colores de movilidades y hoy todas las cosas se ofrecen en una gama infinita de colores.

## El gran vendedor es el color

Pero no solo tenemos que pensar en estrategias de color asociadas a los productos que las empresas ofrecen o los envases o el *packing*, sino también tenemos que pensar en el punto de venta y las estrategias de *merchandising*, donde los colores cálidos y saturados en vitrinas o exteriores de los negocios provocan una "activación sensorial"; el naranja, rojo y amarillo provocan las ganas de entrar a un negocio.

En cambio, en el interior del punto de venta, un color cálido puede dar la sensación de que se está obligando al consumidor, por lo tanto, los ambientes cromáticos y fríos deben ser los preponderantes en el interior. Los colores fríos, en un comercio, ayudan al consumidor a sentirse bien, relajarse, tomarse su tiempo para reflexionar y aumentar las compras de productos.

Otro factor importante que se debe tomar en cuenta es la luminosidad, ya que la luz fuerte activa más que una luz débil, en particular en invierno o de noche, lo que favorece las compras.

Dentro del análisis del color y su influencia en el consumidor, no debemos olvidar también a la psicología del color cuando elaboramos las tácticas de producto, ya que, sin duda, determinará las decisiones de compra de los consumidores, en el entendido de que los colores transmiten mensajes.

Este tipo de marketing es una nueva manera de llegar a la mente del consumidor y seducirlo, haciendo que la marca se refuerce y con ello se incremente su recuerdo, volviéndose "única" y generando reiteración en la compra, mayor consumo y lealtad.

***

"En resumidas cuentas, el músico debe tocar, el pintor debe pintar y el poeta debe escribir, si quieren vivir en paz consigo mismos" (Abraham Maslow).

Escribir un libro sobre marketing requiere dos tipos de valor: el que el mismo texto debe aportar a quienes lo lean y el que requiere el autor para presentar un tema o un punto de vista del que no se haya hablado antes. Se entiende que son dos tipos de valor diferentes, pero convergentes.

El valor del texto es la suma de beneficios que esperamos quienes nos zambullimos en el estudio de los temas expuestos, restando los esfuerzos que nos representa su lectura. Por descontado, el profesional o estudiante de marketing que tiene esta obra en sus manos recibirá sin problema la contundencia del superávit de los beneficios. La firma de Gricel Gamarra como autora es garantía de contenido y reflexión sobre las áreas que el marketing moderno viene desarrollando en el mundo digital, en la experiencia de cliente construida sobre las emociones y las sensaciones y la exhortación a hacer del propio marketing una experiencia lúdica, de amor y de poesía: el PoeMarketing.

En un mundo hipercomunicado y con el acceso a todo tipo de información sin grandes esfuerzos, el recibir la experiencia de Gricel es como una bocanada de oxígeno en un ambiente súper cargado. La profundidad y solvencia de sus explicaciones se argamasan con claridad y simplificación, sostenidas con una gran experiencia. La academia se encuentra con la realidad, la crítica con el consejo, el análisis con la síntesis y la planificación con la ejecución. Un balance que es poco común en la literatura de negocios.

Pero no olvidemos el segundo valor: el de la autora. Un atributo que se agradece siete veces y que ahora, con su octava obra, nos vuelve a confirmar su congruencia como profesional y como persona, nos regala un poco más de la generosidad en su corazón y nos entrega una parte (una más) de su propia vida. Como lo apuntara Maslow, Gricel Gamarra es la mercadóloga que debe hacer marketing para vivir en paz consigo misma, y nosotros recibamos el beneficio de su valor.

**Raúl Galindo**
Perú

***

El marketing se enfoca en estudiar las necesidades y deseos actuales y futuros de un mercado e identificar cómo se puede satisfacer estos a través de proyectos, productos y servicios cuidadosamente diseñados o mejorados para tal efecto. No es un proceso que pueda ser tratado a la ligera ni con una visión de corto plazo; se complementa perfectamente con la calidad, la innovación y el liderazgo, como pilares clave para el éxito sostenido en la gestión de las organizaciones actuales.

El marketing, con su plan respectivo, debe acompañar a todo producto, servicio o proyecto que llevemos a cabo y debe ser considerado parte del conocimiento clave que debe tener todo nivel de dirección, incluso en aquellos que no estén directamente relacionados con el cliente. Cuando es gestionado eficazmente, acorde con el contexto y tendencias que se atraviesan, su impacto permite pronosticar el cumplimiento de los resultados previstos y mucho más.

El mercado va cambiando, cada vez más rápido, y la forma en cómo se realiza el mercadeo a nivel profesional y organizacional debe ir acompañando este ritmo de transformación. La internet y las tecnologías digitales han variado la forma, el costo y los tiempos para dar a conocer y promover lo que ofertamos; a su vez, el poder movilizar a las personas a través de sus sentimientos o sensaciones para moldear favorablemente sus actitudes y acciones hacia un producto, servicio o marca ha tomado mucha más fuerza, junto con la oferta de experiencias vivenciales previas para que el cliente se anime por la elección de cierta alternativa disponible en el mercado.

Complementariamente a lo mencionado, la creación, publicación y distribución de contenidos de entretenimiento o utilidad para un público objetivo está permitiendo generar confianza y apego a los clientes actuales y potenciales, así como, la construcción de marcas sólidas a través de procesos gráficos, comunicacionales y de posicionamiento, eficazmente planificados y llevados a la práctica, es un accionar cada más común en aquellas organizaciones que desean mantener el éxito actual. Estas temáticas del marketing son vitales de conocer, comprender y llevar a la práctica, en todo profesional y organización que avizore un futuro a mediano y largo plazo de lo que oferta.

Gricel nos lleva de la mano, con la pasión que la caracteriza, a sumergirnos en este emocionante mundo y profundizar sobre los asuntos expuestos en el párrafo previo. Después de leerla, no me queda duda de que es una excelente elección para enamorarse del marketing y poder abordar con la claridad necesaria su actualidad y tendencias. Los invito a explorar y profundizar cada una de las páginas de este libro junto con una profesional referente en Bolivia y a nivel internacional en la temática.

**Marcelo Vásquez Lema**
Bolivia

Capítulo 7

# *EXPERIENCIAL MARKETING*

*"El cerebro reacciona 3 mil veces más rápido ante un estímulo emocional que ante uno racional".*
*Enrique Rojas, director MBA.*

*"Quien no crea en Mickey Mouse, quien no crea en el capitán Garfio está perdido, porque si algo construyó Walt Disney fueron momentos felices".*

*"La marca debe posicionarse en los sentidos del consumidor".*
*Brigitte Seumenicht, directora y fundadora de MERKATUA.*

La era digital continúa retando al marketing a adaptarse a las nuevas tecnologías y a los cambios que estas implican en el comportamiento de los consumidores.

Las marcas y las empresas necesitan, cada vez más, nuevas estrategias para diferenciarse de la competencia. En un mundo en el que el consumidor medio recibe unos 4.000 mensajes al día, es necesario aportar algo que haga que un producto destaque. Esa es la función del marketing experiencial.

El marketing experiencial o marketing de experiencia es una estrategia que se centra en estimular los sentidos del consumidor, causando así algún tipo de emoción y una experiencia única que solo podría conseguir con una marca concreta; esta experiencia se puede dar durante o después de comprar el producto.

En un mercado tan centrado y saturado de productos y servicios cuyo único objetivo es la venta basada en sus cualidades, el marketing experiencial juega un papel fundamental. Y puede ser lo que marque la diferencia. De hecho, este tipo de marketing hace ver a los responsables de marketing de las diferentes marcas la gran importancia de optar por un enfoque en el valor humano.

Y les ayuda a no centrar sus estrategias únicamente en los números y las ventas[36].

Cada día se ve con más frecuencia la búsqueda dentro de las estrategias, marcas y productos de la utilización de este tipo de marketing.

Los usuarios siempre se sentirán más atraídos por aquellas empresas que les ofrezcan un trato personalizado, una atención dinámica y humana y, sobre todo, por aquellas marcas que les puedan ofrecer una experiencia única[37].

El marketing experiencial enseña y recuerda que el marketing actual debe estar centrado en las personas.

Esta nueva herramienta está enfocada a la creación de un vínculo significativo con los clientes a través de vivencias positivas sobre el producto o la marca.

El poder de la experiencia es lo que distingue a una marca de otra, a un producto de otro, de una estrategia a otra, por tanto, la diferenciación que tanto buscan los mercadólogos también se la puede tener con la utilización de ella.

La marca debe generar una vivencia única y especial, donde las emociones sean la base del planteamiento de las estrategias.

La experiencia es el motor de la marca. Alvin Toffler, en su libro *El shock del futuro*, hablaba sobre que los consumidores preferirían invertir una parte significativa de sus salarios en vivir experiencias increíbles, lo que motivaría el surgimiento de una industria experiencial.

---

[36] “Marketing experiencial”. https://www.antevenio.com/blog/2016/10/que-es-el-marketing-experiencial/, 24 agosto 2021, Hr: 11:56.

[37] “Marketing experiencial”. https://www.antevenio.com/blog/2016/10/que-es-el-marketing-experiencial/, 24 agosto 2022, Hr: 11:58.

## Características del marketing experiencial

- La marca escucha y conoce al cliente, sabe cuáles son sus intereses y por eso puede crear un vínculo con él que va más allá del producto o marca.
- Es la comunicación bidireccional entre la marca y el público.
- Se cuida a los potenciales compradores y se les trata con cuidado y cariño.
- Las decisiones de compra están relacionadas con la conexión emocional que se tenga con la marca o el producto.

Y como explica Anuor Aguilar en su libro *De cliente a fanático*, el marketing experiencial es la puerta de entrada a las emociones y es la oportunidad para que una marca pueda ser más sensual, es decir, pueda generar impacto en los sentidos del consumidor[38].

Tener clientes ya no es suficiente. Hoy los lazos que se crean deben ser tan fuertes que debemos buscar fans de las marcas. La tecnología y los nuevos medios de comunicación, en vez de distanciarnos, nos unen más, el reto y la oportunidad están ahí, depende de las empresas, las gerencias y los mercadólogos cambiar los viejos paradigmas de conexión y sumarse hacia lo nuevo, lo diferente y volcarse a las personas, nunca más a los números, convirtiéndonos en marcas más humanas.

## Elementos del marketing experiencial

Para establecer un vínculo en la mente del consumidor que los una, el marketing experiencial considera varios elementos: sentidos, emociones, estilo de vida, pensamientos, relaciones, diseño, *storytelling*, experiencias que se encuentran dentro de la estrategia.

---

[38] Aguilar, Anuor. *De cliente a fanático*. 1.ª edición, Perú, junio 2019. Pág. 24.

**Imagen #10. Elementos del marketing experiencial**

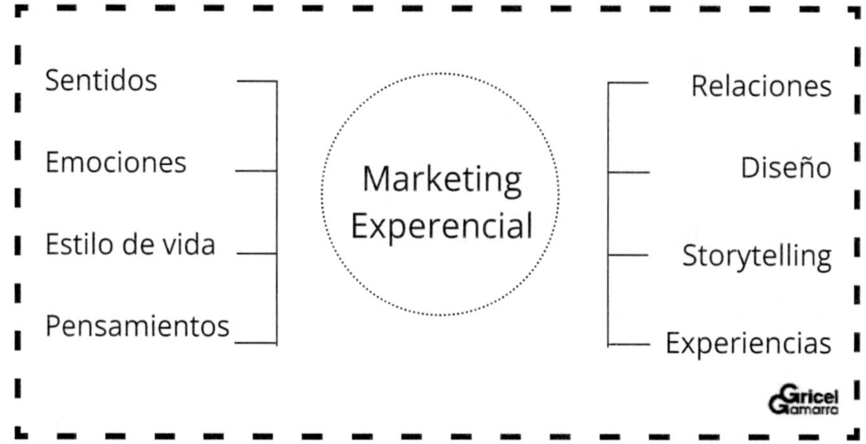


*Fuente: Gricel Gamarra*

***

En los últimos años, el marketing ha experimentado una metamorfosis que no solo tiene que ver con la aparición del internet, las nuevas tecnologías, la popularización de medios *online* o por el uso de las redes sociales, sino que también se ha transformado por el cambio de los consumidores "sobreinformados" y sus patrones de compra.

El marketing siempre ha sido una parte fundamental del éxito de un producto y de su permanencia en el mercado, un sitio que cambia más rápido que nunca, por lo que la competencia por sobresalir y diferenciarse en el anaquel se vuelve un objetivo casi inalcanzable; solo las marcas que se adaptan a los cambios constantes del entorno podrán triunfar a largo plazo.

Hasta hace no mucho tiempo, bastaba con el precio para definir al consumidor, lo que le daba al marketing un panorama muy amplio de acción, creando ideas, conceptos y narrativas que acercaban a los consumidores con las marcas y los productos; hoy, los consumidores son individuales, diferentes, cada uno viviendo su mundo, con sus propios valores y por más que los hagamos pertenecer, aparentemente, al mismo segmento socioeconómico, son personas distintas, con valores distintos y para quienes las cosas tienen significados distintos.

Con el acceso a cada vez más pantallas en nuestra vida, la parte escrita ha perdido posiciones frente a lo visual, ya sea de manera fotográfica o en vídeo, muy pocas personas se toman el tiempo de leer un mensaje largo. Un visual puede transmitir un concepto inmediatamente para asociar una marca y sus atributos; el concepto escrito sigue siendo primordial, pero la forma de hacerlo llegar a la mente y los sentidos del consumidor es a través de imágenes apelando totalmente a la parte emocional.

Las emociones tomaron un valor mucho más protagónico en la forma de narrar lo relevante de los productos, ya que es la forma más efectiva de llegar al corazón de los consumidores, enamorándolo y generando reacciones de estima y amor hacia las marcas, quizás hasta convertirla en una *lovemark*. Contar historias que enganchen emocionalmente y que produzcan experiencias es el gran objetivo de las marcas para llegar a ese consumidor que está muy informado y requiere de la parte emotiva para lograr un vínculo, usando ese PoeMarketing que enamora.

Es ahí donde el encuentro con Gricel, su persona y sus textos ha sido gratamente satisfactorio. Nos une el marketing y el branding en muchas de sus expresiones y el amor a la vida, afortunados quienes podemos aprender de su PoeMarketing y aterrizarlo en estrategias palpables de nuestro día a día con las marcas que trabajamos. Al tener formación de diseñador gráfico y ser amante del marketing y el branding, me emociona la conexión que el diseño tiene con la magia de estas disciplinas que Gricel tiene a bien narrar en sus textos con una elocuencia envidiable.

**Rodrigo Córdova**
México

Capítulo 8

# CONTENT MARKETING

*"¿Por qué malgastar un párrafo diciendo nada?".*
*Seth Godin*

*"Sé suficientemente específico para ser creíble y suficientemente universal para ser relevante".*
*Ann Handley*

*"La fórmula del éxito en un contenido: ayudar, educar, informar, entretener o inspirar".*
*García*

El marketing digital dejó de ser una tendencia de mercado para convertirse en una inversión indispensable para las empresas, hecho que se agudizo aún más con la pandemia y la ruptura de los paradigmas empresariales de esta época y la nueva realidad.

*Hoy en día, quien quiera seguir siendo relevante para sus clientes necesita visibilidad online.*

El marketing de contenidos es una manera de involucrar al público objetivo haciendo crecer la red de *leads*[39] a través de la creación de contenidos relevantes y valiosos, atrayendo, involucrando y generando valor para las personas y, de esa forma, crear una percepción positiva de la marca.

El marketing de contenidos, o también llamado *content marketing*, es una estrategia que se basa en aportar valor al usuario de manera gratuita. No se centra en conseguir compras inmediatas, sino que busca atraer al usuario e ir desarrollando una relación a largo plazo.

[39] En el marketing *online*, el *lead* se trata de un cliente potencial de tu marca que demostró interés en consumir tu producto o servicio. Un usuario se transforma en *lead* cuando deja sus datos personales en el sitio web de la empresa para recibir una oferta o se suscribe en una *newsletter*.

## Medios del marketing de contenido

En sus orígenes, el marketing de contenidos se apoyaba en piezas escritas como revistas corporativas. Pero hoy en día, gracias a los nuevos medios de comunicación, tenemos variadas formas de llegar al público, entre ellas: blogs, *e-books*, infografías, vídeos, *podcast*, contenidos interactivos, etc.

## ¿Para qué sirve el contenido?

El contenido es clave a la hora de atraer a los usuarios e incorporarlos a la estrategia *inbound*, pero, aunque entendamos que esa es la funcionalidad clave, los contenidos pueden servir para muchos objetivos y se interrelacionan con muchos aspectos del marketing *online*:

- El *content marketing* se complementa a la perfección con el SEO.
- El contenido puede ayudar a mejorar el *branding* y la reputación de marca.
- El *content marketing* puede apoyar a la fidelización.
- El marketing de contenidos puede ayudar a mejorar la atención al cliente.
- El *content marketing* refuerza las relaciones públicas.
- El contenido alimenta los canales *paid*[40] y las redes sociales de la marca.

Dentro del marketing de contenidos, también tenemos una táctica importante que debemos utilizar dentro de la planificación de los contenidos y que está relacionada con la marca de manera específica: el *branded content*.

---

[40] *Paid media* o medios de pago son los medios de comunicación en los que se paga por publicar los anuncios.

## *Branded content*

El mundo del marketing es tan dinámico como los cambios tecnológicos que se generan a diario y afectan al comportamiento de compra del consumidor y a las estrategias que deben desarrollar las empresas, que se ven en la continua necesidad de adaptarse a ellos y competir en un mercado cada día más exigente y comunicado.

La revolución de la información y la tecnológica de fines del siglo XX y principios del XXI suponen otro cambio de época, donde la nueva sociedad digital marca un antes y un después, donde ni la fuerza ni el dinero tienen importancia; la palabra la tienen ahora aquellos que poseen la información del mundo. Por primera vez en la historia, los elementos más importantes son el conocimiento y la información y la denominada industria 4.0 supone un giro copernicano en la manera de concebir la industria.

La nueva época cambió la conducta y género nuevas formas de concebir el marketing, sus herramientas y sus estrategias. Se rompió el espacio-tiempo, cambiando la forma en la que nos relacionamos: WhatsApp, Facebook, vídeos, chats, *stickers*, memes, etc. Y el mundo relacional en transformación en el que vivimos afecta a la manera de consumir y comprar.

La cultura también está sufriendo importantes transformaciones: de un presente-pasado a una cultura de la inmediatez del aquí y el ahora. Todos estos cambios están alterando el comportamiento del consumidor, lo mismo que internet y las redes sociales, que cambiaron la manera de concebir el mundo y comportarnos en él.

Entramos en el manejo y la creciente importancia de la inteligencia artificial, el internet de las cosas, la realidad aumentada, el metaverso, donde prima el conocimiento del cerebro humano para enfrentar los grandes desafíos y proyectos que se avecinan en la siguiente parada: el futuro, es decir, hoy.

En este contexto de transformaciones, innovaciones y miradas al futuro, aparece esta nueva táctica para llegar al consumidor actual, que está incluida dentro de las estrategias de producto, marca, comunicación y *content marketing* y que proporciona lineamientos estratégicos y tácticos para generar contenidos ligados a la marca y conectarnos con los nuevos consumidores digitales y los que vendrán.

Hoy es tan importante, como el lenguaje y la comunicación, el contenido del mensaje que se transmitirá y que está ligado a la humanización de la marca y la transmisión a partir de estos sentimientos, emociones y experiencias que requieren un conocimiento cada vez más profundo del consumidor, no solo como individuo que adquiere bienes y servicios, sino como personas que sienten, se emocionan y buscan un valor agregado a lo que ofrecen las empresas.

Las compras están motivadas por factores subjetivos que deben ser expresados en los contenidos que las marcas diseñan y difunden, tratando de enamorar a los consumidores y los nuevos mercados.

Las marcas deben comprender que la clave actual es formar parte de la vida de los consumidores y que esta debe ser dejar huellas, no generando notoriedad o siendo la marca preferida, ya que una cosa es ser conocido y otra ser querido, y en un mercado saturado de marcas y de mensajes, debemos preocuparnos no de ser "*top of minds*", sino de ser la "primera opción".

La marca debe ser un recuerdo presente en la vida diaria del consumidor que debe estar reflejada en el contenido que se difunde a través de toda la estrategia de marketing.

A través del contenido, las marcas "deben" ser "emociones", ya que son las emociones las que nos hacen entender el mundo que nos rodea, nos hacen valorar qué nos apoya y qué nos detrae, moviéndonos a las acciones. La percepción está gobernada por los sentidos y los sentidos por las emociones, que en definitiva llevan al consumidor a la compra de una u otra marca, lo cual ya lo habíamos mencionado antes.

Debemos entender que somos un "*cocktail* de hormonas" y que el comprender este mundo ayuda a entender el porqué de ciertas reacciones y emociones que controlan el funcionamiento de los nuevos consumidores, tales como la memoria, sentimientos y evaluación de experiencias; por lo tanto, los estímulos del marketing y las experiencias generan las hormonas adecuadas para el interés de la marca. Un punto importante será entonces el poner un poco más de "hormonas" en el marketing mix a través de contenidos y observar las reacciones en el consumidor.

El contar con un buen *branded content* ayudará a la empresa a conquistar mercados emocionando con la marca y difundiendo mensajes a través de campañas publicitarias de diferentes tipos de contenidos, que podrán ser utilizadas muy efectivamente dentro del *inbound marketing*.

Debemos aclarar que marketing de contenido no es igual a *branded content*, ya que el primero es una estrategia y el segundo es un modo de generar contenidos, es decir, una táctica dentro de este tipo de marketing, donde se detalla de manera específica y se codifican diferentes tipos de mensajes para los productos o servicios y los diferentes consumidores de la empresa.

La marca ya no es el punto central de la estrategia, sino lo que ella dice y hace sentir a través de lo que dice, fidelizando al consumidor y convirtiendo al contenido en el "rey".

El futuro es ahora y, nos guste o no, debemos empezar a incorporarnos a las nuevas tendencias, innovaciones, los nuevos consumidores y las nuevas herramientas para hacer marketing, en un mercado cada día más tecnológico y con individuos que son personas en esencia y donde el ser consumidor es un rol.

Parece que competir hoy ya no es solo una cuestión de las 4P, las 7P, las 4C o las 7F, sino una cuestión de diferenciación en contenidos que transmitan experiencias y emociones a través de las marcas. En definitiva y de manera general, el marketing debe vender sentimientos y experiencias, con contenidos motivadores y un mix de marketing cargado de muchas hormonas.

Entonces, uno de los enfoques de marketing más utilizados hoy en día es, sin lugar a duda, el marketing de contenidos, que se especializa en crear y difundir contenido relevante para un público específico con el objetivo de generar experiencia, contar una historia y lograr conversación en torno a él.

El marketing de contenidos es la forma actual en la que la empresa publicita su marca, crea conexiones y vende a los consumidores, convirtiéndose en narradora de historias.

La mayoría de las empresas implementan estrategias de este tipo de marketing, tanto en su marketing tradicional como digital, difundido en sus propios canales de comunicación y las redes sociales.

## Estrategia del marketing de contenidos

Contar con una guía que nos marque el camino para desarrollar una adecuada estrategia de marketing de contenidos se hace necesaria para la marca, el posicionamiento y la diferenciación de la empresa.

Para elaborar una estrategia eficaz basada en la planificación de contenidos, se deben tener en cuenta los siguientes puntos:

- Definir el objetivo de la estrategia que puede plantearse en función a la marca y lo que se pretende lograr con ella o en relación con las ventas que se quieren del producto.

- Determinar el público al que se dirige la estrategia con una microsegmentación, creando un *buyer* persona[41] para caracterizarlo e identificarlo.

- Planificar y organizar el contenido que se difundirá considerando las temáticas de intereses del público y contando historias que generen experiencias (*storytelling*).

- Crear y diseñar el contenido en base a los tres puntos anteriores generando una historia que llame la atención, despierte el interés, provoque el deseo y desencadene una acción.

- Difundir el contenido a través de los medios de comunicación, como sitio web, blogs, comunidades *online*, redes sociales, boletines informativos, etc.

- Viralizar el contenido a través de *influencers*[42], líderes de opinión o fans de la marca.

- Por último, realizar una evaluación de la estrategia de marketing de contenidos analizando si se alcanzaron los objetivos propuestos.

## *Storytelling*

*Storytelling* se trata de una expresión anglosajona que se desglosa en dos palabras: historia (*story*) y contar (*telling*). Es el arte de contar una historia. La creación y aprovechamiento de una

---

[41] Un *buyer* persona es un perfil ficticio basado en datos reales de clientes, es la personificación del cliente ideal de tu empresa. Es la base de toda la estrategia del marketing digital y la producción de contenidos. A diferencia del público objetivo, que es genérico, el *buyer* persona tiene características específicas.

[42] Un *influencer* es una persona que cuenta con cierta credibilidad sobre un tema concreto y por su presencia e influencia en redes sociales puede llegar a convertirse en un prescriptor interesante para una marca.

atmósfera mágica a través del relato para conectar con las personas por medio del mensaje.

Esta técnica es tan antigua como la misma humanidad y su vida en el planeta; la trasmisión oral desde tiempos inmemorables de las civilizaciones antiguas hasta nuestra época, el contar historias en los clanes, las civilizaciones, las generaciones era parte del diario vivir; luego fue incorporado al marketing.

Vilma Núñez nos dice que el *storytelling* es el arte de contar una historia usando un lenguaje sensorial presentado de tal forma que transmite a los oyentes la capacidad de interiorizar, comprender y crear significado personal de ello[43].

Ahora estimado lector, ¿te das cuenta del papel de las emociones y de la poesía en todo esto? Te lo sigo explicando para que lo comprendas mejor.

Sigue leyendo, que nos vamos acercando a la parte más interesante del libro donde te encontrarás con una propuesta de lo que debe ser el marketing hoy.

Pero sigamos hablando del *storytelling* como esa capacidad de contar historias, así como el arte que va asociado a esta y que es de los más antiguos que existen: conectar emocionalmente a través de una historia, dejar que te lleguen y toquen el corazón y la cabeza, el cuerpo y el espíritu: lo racional y lo instintivo.

Lo principal es conocer cada día más a nuestros usuarios a través de la conexión emocional y única que se genera cuando contamos una historia. Y, para ello, el *storytelling* es la mejor herramienta.

---

[43] "Qué es el *storytelling* y cuáles son sus características esenciales?". https://vilmanunez.com/que-es-storytelling/, 26 agosto 2021, Hr: 17:07.

Recordemos que el objetivo principal es generar una relación con las personas más allá del mensaje en sí que se quiera transmitir para generar *engagement*[44].

## Importancia del *storytelling*

Al contar buenas historias, nos acercamos más a las personas y ellas a la marca, además de que estas generan interacción, despiertan emociones, seducen con facilidad, en definitiva, el utilizar esta táctica nos diferencia de la competencia y humaniza más la marca.

### *Storydoing*

El *storydoing* es la evolución lógica del *storytelling* en los medios *online*: ya no buscamos solamente contar una historia, sino hacer que las personas se involucren y vivan una experiencia con la marca. En este caso, el consumidor pasa a ser el protagonista de la acción[45].

El *storydoing* consiste en hacer tangibles los valores que representa una marca mediante la creación de experiencias vitales que reflejen que la marca predica con el ejemplo[46].

Hemos pasado de las historias al hacer, de la emoción a la experiencia; una vez más, observamos que todos los tipos de

---

[44] Es la capacidad de un producto o una marca de crear relaciones sólidas y duraderas con sus usuarios generando un compromiso entre la marca y los consumidores.

[45] "¿Qué es el *storydoing*?". https://www.cyberclick.es/numerical-blog/del-storytelling-al-storydoing-evolucion-mas-alla-de-las-palabras, 26 agosto 2021, Hr: 17:09.

[46] "¿Qué es el *storydoing*?". https://incis.net/blog/storydoing-que-es/, 26 agosto 2021, Hr: 17:12.

marketing están relacionados entre sí y que el objetivo son las personas antes que las empresas.

Las marcas deben centrarse en las personas, dando paso a la incorporación al marketing 5.0, donde la humanización a través de la tecnología será el futuro inmediato. La Inteligencia Artificial (IA), el *big data*, la Realidad Aumentada (AR) y virtual, el internet de las cosas y el metaverso serán los nuevos desafíos para que las marcas se humanicen totalmente y lleven al consumidor hacia la experiencia individual y total.

***

Cuando hablamos de estrategia digital, muchos profesionales del marketing asocian el término con el uso de recursos y plataformas digitales de comunicación y publicidad para la implementación de campañas. Esto ha limitado, en gran medida, el alcance que este tiene para la maximización del beneficio de una organización.

Desde mi punto de vista, una estrategia está basada en el negocio y no en las plataformas o medios que utilicemos. Si no, imaginen tratar de conocer las más de 8.000 herramientas *martech* (marketing y tecnología) que existen en el mercado con la finalidad de utilizarlas en nuestra "estrategia".

En ese sentido, una estrategia debería estar basada en lo que podemos controlar en el negocio y tenemos la posibilidad de realizar diferentes acciones como parte de nuestros activos digitales: página web, aplicaciones móviles, personas (equipo), herramientas tecnológicas de automatización y otros elementos que una organización pueda tener, por ejemplo, *Data Management Platform* (DMP), *Customer Management Platform* (CMP) o algún otro SaaS (*Software as a Service*) que permita la gestión de las audiencias del tráfico generado en la web.

Cuando nuestra estrategia está basada en acciones que podemos controlar, tenemos la capacidad de no-dependencia de muchas herramientas en caso de que estas dejen de funcionar por temas externos; algunos casos más representativos son las caídas de Facebook, WhatsApp e Instagram. Incluso hace poco la caída mundial de AWS (Amazon Web Services) dejó una gran lección de tener múltiples servidores de respaldo a los sitios web.

Eso nos lleva a pensar que no podemos tener una dependencia tan marcada de algunas herramientas para la generación de clientes potenciales y/o ventas.

Si quisiéramos hablar de estrategia digital, considero que deberíamos afrontar diferentes aspectos, entre los que destaco un enfoque basado en data y no en recetas que podemos encontrar en internet. He ahí la importancia de evaluar lo siguiente:

- Análisis interno y externo del negocio.
- Establecer indicadores de gestión.
- Comprometer a la alta dirección o dueño/a de empresa.
- Documentar los activos digitales.
- Integración de ERP con sistemas de automatización de marketing.
- Evaluación de periodos de ciclo de maduración.
- Integrar comunicación y experiencias del consumidor.
- Definir herramientas martech de uso frecuente y respaldos.
- Creación de embudos basados en el SKU o tipo de buyer persona.
- Establecer un equipo basado en habilidades específicas.

Como toda estrategia de negocio, el objetivo final debería ser la maximización del beneficio económico. Hagamos que el marketing digital deje de ser solo "publicidad digital" y empecemos a trabajar por darle un enfoque con mayor estrategia de negocio.

**Alex Davalos**
Perú

***

Siempre es un placer hablar de lo que te hace feliz, hablar de tu pasión y, sobre todo, del valor agregado que estos sentimientos logran en tu día a día.

Pero este valor agregado se multiplica cuando encuentras personas que pueden ayudarte a expresar un poco de lo mucho que hay por comunicar. Es el caso de Grisel, a quien le agradezco brindarme este espacio para expresar mi visión sobre el marketing digital de hoy, lo cual espero que aporte a sus proyectos.

Estamos en tiempos de *performance marketing* donde los KPI se monetizan, donde medir y proyectar es parte del día a día.

Donde cada rubro y compañía debe personalizar qué medir y por qué pagar. Solo rentabilizando las inversiones se construyen los negocios.

La teoría es un *commodity* si no aplicamos lo siguiente:

El marketing digital permite y debe estar en constante prueba y error.

La estrategia debe ser una y sostenible a mediano plazo. Las demás acciones son tácticas que ayudan a comprender el *BUYER JOURNEY.*

Es imprescindible hablar del ROI o determinar un KPI que permita medir el valor de cada táctica en su momento. Definan el suyo alineado a los objetivos para armar el embudo de conversión, que es el que refleja dónde estabas, dónde estás y dónde puedes estar.

Diseñar un plan de crisis tomando errores pasados para la mejora continua de tus acciones. El no tenerlo podría cambiar el rumbo de cualquier marca.

En el momento en el que el cliente y el proveedor entienden lo mencionado, ganan la primera gran batalla del mundo digital y estoy seguro de que podrán consolidar su participación en estas plataformas.

**Tito Benavides**
Bolivia

Capítulo 9

# *BRANDING*

*"Los productos se crean en las fábricas,
pero las marcas se crean y viven en la mente".*
*Walter Landon*

*"Lo que construye la marca no es el mensaje,
es la experiencia que se vive con ella".*
*Alex Pallette*

*"El branding no tiene que ver con el eslogan o logotipo,
tiene que ver con la personalidad de tu marca".*
*Mirna Bard*

Si hay seis libros que no se pueden dejar de leer respecto al branding, entre los muchos que hay, estos son: *Las 22 leyes inmutables de la marca* de Al Ries y Laura Ries, *Lovemarks: el futuro más allá de las marcas* de Kevin Roberts, *Oxitobrands* de Marcelo Ghio, *Brainketing* de Liliana Alvarado, *Brand Off On* y *Totem* de Andy Stalman. Los menciono en función a los años de edición de cada uno, verdaderas joyas de la literatura del marketing y para comprender el camino de las marcas, antes, ahora y con una vista hacia el futuro, analizando sus percepciones, la mente del consumidor, su adaptación y cómo se convirtieron en el activo más importante que tienen las empresas hoy. Altamente recomendados para los apasionados del marketing.

## Marcas

Entendamos que las marcas han recorrido un largo camino hasta convertirse en lo que hoy son, desde una perceptiva de posicionamiento y mutación constante hasta convertirse en el principal activo intangible de la empresa.

Vivimos y convivimos rodeados de marcas que cada vez buscan la generación de experiencias y donde cada una de ellas busca la diferenciación y el reconocimiento.

Cuando hablamos de marca o branding, hoy ya no solo nos podemos referir a los elementos que las distinguen, esto va mucho más allá.

Una marca es la esencia misma de la empresa o el producto, es el detonante diferenciador cargado de diseño y promesas de valor que percibe el consumidor a través del contenido y la experiencia y, como manifiesta Marcelo Ghio, el *branding* ha representado un salto cualitativo en la percepción de identidad marcaria, potenciando los atributos propios y diferenciables que el signo transmite, a partir de la construcción de una plataforma de marca capaz de comunicar los intangibles que moldean su personalidad y, sobre todo, de establecer los parámetros discursivos que permitirán un diálogo fluido y emocional con las personas[47].

Vamos al origen de la palabra "marca", que deriva de la palabra nórdica "marcar", que significa "quemar" o "herrar", lo que convertía a la marca en una huella para reconocer o diferenciar algo.

En este contexto, entenderemos por *branding* al proceso de definición y construcción de una marca mediante la gestión planificada del diseño, comunicación y posicionamiento que lleva a cabo la empresa, lo que nos muestra que ya va mucho más allá de lo que era la marca en sus orígenes.

Para crear o diseñar una estrategia de *branding*, se deben tener en cuenta cada uno de los elementos que la componen de manera separada y como parte de un todo.

---

[47] Ghio, Marcelo. *Oxitobrands*. Editorial Planeta Perú S.A., Lima, Perú, 2011, pág. 31-32.

## Componentes del *branding*

Estos elementos tangibles e intangibles deben transmitir una promesa a través de cada uno de los elementos que componen el *branding*:

### *Elementos tangibles*

- *Naming*, o creación del nombre
- Identidad corporativa
- Posicionamiento
- Lealtad de marca
- Arquitectura de marca

### *Elementos intangibles*

- Logotipo
- Tipografía
- Nombre comunicativo
- Color

## Tipos de *branding*

En la actualidad, tenemos diferentes tipos de *branding* en función a su uso y quien lo utiliza; mencionaremos tres:

### *Personal branding o branding personal*

Consiste en trabajar la propia marca personal de cada individuo y en nuestros días se ha convertido en un elemento muy importante para tener ventaja competitiva y dejar una huella digital.

### *Branding corporativo*

Este es el *branding* del que hablamos cuando nos referimos a la empresa y sus estrategias y está enfocado en el *branding* enfocado a marcas.

### *Employer branding*

En un nuevo concepto y se refiere a cómo trabajar la marca del empleado.

Entendamos, como dice Andy Stalman, que el *branding* sigue siendo el de siempre, pero como nunca, y que la necesidad de ser diferentes se ha vuelto algo esencial. Necesitamos marcas vivas casi tanto como las marcas para vivir y donde internet es su verdadera innovación[48].

*La marca es una promesa.*

Ya no se pueden satisfacer necesidades, hay que superar las expectativas del cliente.

- Las marcas deben generar relaciones sociales.
- Las recomendaciones ayudan a construir la marca.
- Seis puntos para construir la marca: propósito, inconformidad, marcas disruptivas, diálogos, proximidad.

## Elementos del *branding*

La importancia de las emociones y percepciones es demostrada por diferentes estudios, desde la psicología del consumo y el neuromarketing. También son muchos los expertos que han

[48] Stalman, Andy. *Brand On Off*. Editorial Centro Libros PAPF, S.L.U., 2014, pág. 30.

acuñado conceptos vinculados a lo que las marcas deben hacer para conectar con los consumidores.

Ahora hablaremos de otros términos y concepciones que están dentro del mundo del *branding*.

### *Lovemarks*

Este es uno de los términos de los que se escucha hablar cada vez más. Fue acuñado por el entonces CEO de Saatchi & Saatchi Worldwide Kevin Roberts en el año 2004 y que lo definía como la marca que ha logrado posicionarse por medio de su corazón y donde la palabra amor cobra mucho más sentido en el marketing.

Las compañías tienen que ser capaces de generar en su consumidor vínculos emocionales profundos y duraderos para conseguir el máximo grado de fidelidad. Esto se basa en tres características: misterio, sensualidad e intimidad.

Algunos de los pasos sugeridos para convertir una marca en una *lovemark* son:

- Tener claros la misión, visión y valores de la compañía para poder transmitirlos en sus productos.
- Concentrarse en un nicho específico del mercado para mejorar los esfuerzos dirigidos a su público.
- Centrarse en las emociones para usar argumentos emocionales.
- Crear experiencias que vinculen el artículo con el consumidor; esto abarca desde identidad corporativa hasta eventos o acciones que se puedan transmitir.
- Ser persistente y transmitir valor diferencial en todo lo que la empresa haga[49].

[49] "Qué es una lovemark y cómo la utilizan las empresas". https://www.merca20.com/que-es-lovemark-y-como-lo-usan-las-empresas/, 26 agosto 2021, Hr: 21:00.

*El secreto para ser una lovemark es el amor.*

Apple, Google, Coca-Cola, Ikea, Adidas, Starbucks, Lego, Harley Davidson y BMW son ejemplo de *lovemarks* actuales; sin duda supieron llegar al corazón de los consumidores y en el futuro cercano se irán sumando otras.

**Imagen #11. Matriz de una *lovemark***

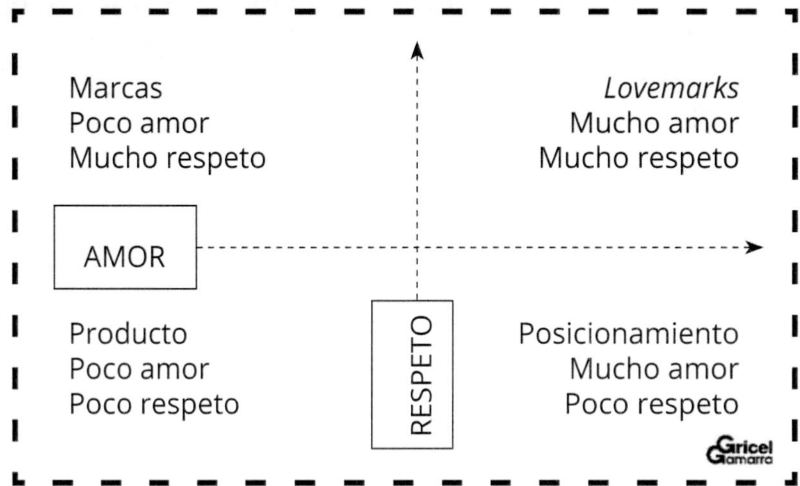


*Fuente: Gricel Gamarra*

## Elementos de la estrategia de *branding*

Por definición, una estrategia de marca es un plan a largo plazo para el desarrollo de una marca con el fin de alcanzar objetivos.

Primero, aclaremos el concepto más erróneo acerca de la estrategia de marca: la marca no es un producto, un logotipo, un sitio web o un nombre, es mucho más que eso, es algo intangible. Sin embargo, es esa idea difícil de definir lo que distingue a las marcas poderosas de las mediocres.

Entonces, para mantener el control de lo que muchos profesionales del marketing consideran un arte más que una ciencia, a continuación, conocerá los componentes de una estrategia de marca integral que le ayudarán a mantener a su empresa en órbita por muchos años.

## Componentes de la estrategia de *branding*

### *Objetivo/Propósito*

Cada marca hace una promesa, pero en un mercado en el que la confianza de los consumidores es baja y las limitaciones presupuestarias son altas, distinguirse de las demás marcas no implica simplemente hacer una promesa, sino tener un objetivo definido, tal y como explica Allen Adamson, presidente de la región norteamericana de consultora de marca y de la empresa de diseño Landor Associates.

Es necesario comprender cuál es la promesa de la empresa para definir el posicionamiento de la marca: es el propósito, la diferencia con los competidores.

### *Consistencia*

La clave para lograr la consistencia es evitar hablar de temas que no se relacionan con la marca ni la mejoran. ¿Agregaste una nueva foto a la página empresarial de Facebook?, ¿qué significa para tu empresa?, ¿se alinea con tu mensaje o fue simplemente algo gracioso que podría llegar a confundir a tu audiencia?

Establecer una plataforma sólida para la marca es asegurarse de que todos tus mensajes sean coherentes. En última instancia, la consistencia contribuye al reconocimiento de marca y esto afianza la lealtad de los clientes.

### *Emoción*

Los clientes no son racionales. ¿De qué otra manera puedes explicar que una persona pague miles de dólares más por una moto Harley que por una más económica, pero de igual calidad? Una especie de voz dentro de esa persona le ordenó que comprara una Harley.

Pero ¿por qué? Harley Davidson apela a las emociones creando una comunidad en torno a la marca.

Al darles a los clientes la oportunidad de sentir que son parte de un grupo que tiene más en común que simplemente un conjunto de motociclistas, Harley Davidson se posiciona como una elección obvia para cualquier persona que esté pensando en comprar una motocicleta.

El sentido de pertenencia, es decir, la necesidad de amor, de afecto y de ser parte de un grupo ocupa un lugar central en la pirámide de Maslow, cuyo objetivo consiste en categorizar las diferentes necesidades humanas.

### *Flexibilidad*

En este mundo en constante cambio, los profesionales del marketing deben permanecer flexibles si quieren tener relevancia. La flexibilidad permite hacer ajustes para aumentar el interés y distinguir el enfoque de la competencia.

Aprovechar la oportunidad de atraer a los seguidores de maneras más originales y novedosas. ¿Hay nuevas relaciones de colaboración que la empresa pueda establecer? ¿Hay atributos del producto que nunca se destacaron? Úsalos para conectar con nuevos clientes y recuérdales a los actuales por qué te eligen.

### *Participación de los colaboradores*

Como mencionamos antes, lograr la consistencia en la empresa es importante si se genera reconocimiento de marca. Y aunque una guía de estilo puede ayudar a lograr una experiencia digital coherente, es igualmente importante que los colaboradores sepan cómo deben dirigirse a los clientes y representar a la marca.

Si los mensajes en las redes sociales son alegres y divertidos, no tendría sentido que un cliente llamara y lo atendiera un representante serio y monótono, ¿no lo crees?

A veces, un agradecimiento es todo lo que se necesita. Otras veces, hay que ir más allá: escribirles una carta personalizada, enviarles un regalo especial, pedirles valoración y destacar su contribución en el sitio web.

La lealtad es una parte fundamental de cada estrategia de marca, especialmente si se busca respaldar la organización de ventas. Al final del día, hay que destacar una relación positiva entre la marca y los clientes.

### *Reconocimiento de la competencia*

Tomar la competencia como un desafío para mejorar la estrategia y aumentar el valor general de la marca. Están en el mismo negocio y buscan el mismo tipo de clientes, así que observa lo que hacen.

¿Algunas de sus tácticas son eficaces? ¿Algunas fallan? Definir el posicionamiento de la marca según la experiencia para mejorar la empresa.

**Imagen #12. Piedras angulares del *branding*.**

*Fuente: Gricel Gamarra*

## Embajadores de marca

Es una persona que recomienda el producto o servicio de una empresa a otros usuarios en las redes sociales. Generalmente lo hace por la convicción y lealtad hacia a una marca. Puede tratarse de un cliente satisfecho, un empleado o experto del área de especialización de la empresa y tienen las siguientes funciones:

- Ellos se encargan de atraer a nuevos clientes.
- Representar la imagen de la empresa.
- Analizan los objetivos de la empresa y generar nuevas estrategias comerciales.
- Mantienen una imagen positiva de la empresa.

Con la digitalización, las empresas empezaron a identificarlos y a tenerlos como parte de sus estrategias de *branding*, sin lugar a duda una parte más de la gestión de la marca.

Un embajador de marca es un aliado o amigo de la marca que la promociona desde sus cuentas personales u oficiales, convirtiéndose en un boca a boca a la manera tradicional, pero reactualizado en el ecosistema digital y las infinitas posibilidades de interacción que nos brindan las redes sociales[50].

## *Influencers*

Otra de las estrategias comúnmente utilizada hoy son las campañas con *influencers*, sin duda una manera de llegar a los segmentos de la empresa; pero se debe tener cuidado al entender qué son y cómo funcionan para la empresa, la marca y el producto.

Un *influencer* es una persona que cuenta con cierta credibilidad sobre un tema concreto y por su presencia e influencia en redes sociales puede llegar a convertirse en un prescriptor interesante para la marca.

Dentro de este tipo de estrategia debemos considerar que existen diferentes tipos de *influencers* que las compañías pueden utilizar dependiendo del grupo objetivo al que se dirijan y el objetivo trazado.

## Tipos de *influencers*

### *Megainfluencers*

Se caracterizan por tener millones de seguidores, lo que permite niveles únicos de alcance para las marcas.

---

50 "Embajador de marca". https://www.zendesk.com.mx/blog/embajador-de-marca/, 26 agosto 2021, Hr: 21:27.

### *Influencers celebridades*

Son aquellos que con acciones ajenas a las redes sociales poseen un gran número de seguidores, siendo líderes de opinión en segmentos específicos.

### *Grandes influencers*

Alcanzan más de 50 mil seguidores y se caracterizan por marcar tendencias que sean replicadas por marcas, usuarios y otros *influencers*.

### *Microinfluencers*

Se caracterizan por especializarse en temas concretos y llegar a segmentos determinados. Gozan de altos niveles de credibilidad entre quienes los siguen.

### *Pequeños influencers*

Gozan de gran autoridad y tienen un alcance limitado, pero son aliados valiosos para las marcas para conseguir *engagement*.

### *Influencers en nacimiento*

Si bien cuentan con un alcance pequeño, sus cifras de crecimiento son únicas y significan una gran inversión a largo plazo para las marcas.

**Imagen #13. Tipos de *influencers*.**

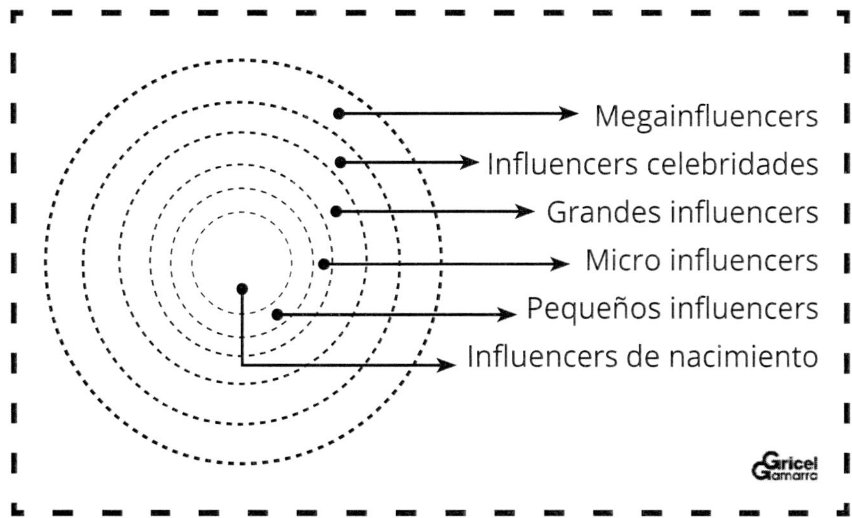


*Fuente: Gricel Gamarra*

## *Brand intimacy*

En un mercado cada vez más complicado y cada vez más competitivo, las marcas y las empresas necesitan contar con armas más eficientes para conectar con los consumidores y para posicionarse de un modo destacado. Ya no se trata solo de tener una marca reconocible, unos productos importantes y relevantes o una presencia destacada en los puntos de venta. Cada vez es más determinante establecer vínculos emocionales con los consumidores, conectar con ellos de un modo que vaya más allá de la necesidad y establecer experiencias memorables y destacadas.

La importancia de las emociones y de las percepciones ha sido demostrada por diferentes estudios, por la psicología del consumo y por el neuromarketing, como se explicó en capítulos anteriores.

También han sido muchos los expertos que han acuñado conceptos vinculados a lo que las marcas deben hacer para conectar con los consumidores y lo que hace que sigan funcionando, desde las *lovemarks* (las marcas que se aman) a la *brand intimacy*.

La *brand intimacy*, la intimidad con la marca, implica una relación entre consumidor y marca mucho más estrecha, en la que el consumidor no es un simple número desconocido. Supone personalización, *engagement* y conexiones emocionales.

¿Cuáles son las marcas que lo han logrado? La gran ganadora es Amazon, seguida por Disney y Apple, seguidas de Ford, Jeep, Netflix, BMW, Chevrolet, Walmart y PlayStation y tras ellas entran Samsung, Costco, Toyota, Xbox, Google, YouTube, Target, Mercedes-Benz, Microsoft y Starbucks.

Lo interesante de esta lista es la presencia notable de compañías de tecnología y de marcas de coches, que logran ocupar los puestos más destacados y conectar poderosamente con los consumidores.

## *Brand lovers*

Los brand lovers son clientes que siempre eligen a la misma marca en el momento de comprar un producto de una categoría concreta. Son usuarios emocionalmente vinculados con esa marca y se convierten en los mejores embajadores digitales de la marca porque sienten amor por ella.

Apple, Star Wars o Ferrari son ejemplos de marcas que cultivan una estrategia de *brand lovers*.

***

Una excelente experiencia al cliente es primordial para el crecimiento de las ventas y garantizar la supervivencia de la organización. Sin embargo, un gran número de clientes se frustran a diario durante sus compras o contactos en los centros de atención porque las personas que los atienden se muestran indiferentes frente a sus exigencias.

En muchos casos, las personas que atienden no logran brindar una experiencia adecuada por: falta de vinculación emocional, poco criterio para detectar necesidades o problemas habituales, carencia de energía para solucionar fallas, tiempos de atención demasiado largos o aburridos y/o carencia de información precisa para evacuar dudas o consultas puntuales.

Por suerte, para garantizar que los clientes reciban la mejor experiencia posible y que regresen nuevamente a por más productos y servicios, no se requiere de inversiones elevadas, sino de criterios estratégicos adecuados que permitan brindar la mejor experiencia.

Los criterios estratégicos que pueden ayudarnos a mejorar la experiencia parten de segmentar la cartera de clientes, para brindar una experiencia a la medida de cada uno, y dentro de cada segmento, es imperioso que identifiquemos todos los puntos de contacto, físicos o digitales, con el fin de disminuir los tiempos de atención. Independientemente del canal utilizado, lo lograremos analizando y optimizando los microprocesos que intervienen durante el viaje del cliente.

Además, será necesario integrar la omnicanalidad y coordinar sus bases de datos, para que todas las personas dispongan de la misma información sobre los clientes y sus productos y servicios. También es determinante que todas las personas que atienden estén entrenadas y, sobre todo, que comprendan el impacto de sus acciones mientras brindan la experiencia.

Finalmente, la CX no debería ser una orden que emana desde la cúpula directiva. Al contrario, la misma debe surgir desde los puntos de contacto y eso implica escuchar a todas las personas que atienden a diario a los clientes. Si incluimos y escuchamos todas las voces que están en la línea de combate, tendremos más posibilidades de brindar una experiencia impactante, que redundará en un incremento del NPS y también de la rentabilidad.

**Fernando Luchetti**
Argentina

Capítulo 10

# *POEMARKETING, POEBRAND*

*"PoeMarketing: llegar al corazón del consumidor,*
*enamorarlo con la marca generando experiencia*
*con el producto y creando lazos a través de las emociones".*
*Gricel Gamarra*

*"Existen dos maneras de ingresar al mercado:*
*si eres romántico, lo conquista; si eres bélico, lo atacas".*
*Gricel Gamarra*

*"El contenido del mensaje es importante;*
*pero la forma de decirlo también".*
*Gricel Gamarra*

*"Emociones, experiencias y sentimientos... Marketing actual".*
*Gricel Gamarra*

*"El marketing es la poesía con la que las marcas*
*conquistan el corazón del consumidor".*
*Gricel Gamarra*

*"La delgada línea entre la poesía y el marketing".*
*Gricel Gamarra*

*"El camino de las marcas es llegar al corazón del consumidor".*
*Gricel Gamarra*

*"Comunicación de sentimientos, emociones*
*y experiencias humanizan la marca".*
*Gricel Gamarra*

Siendo parte de los acelerados cambios que marcaban el rumbo de lo que sucede y sucederá en el mundo, las empresas, sus estrategias y el marketing, pienso cómo serán la nuevas formas que las empresas tendrán que adoptar para hacer frente a la innovación, tecnología, nuevos mercados, competencia y la aceleración digital producto de la pandemia del COVID-19, que llegó en el 2020 y que aún en el 2022 no ha terminado, para hacer frente a las transformaciones de la vida diaria y de los nuevos consumidores, que no solo cambiaron en esencia, sino también en hábitos, gustos, costumbres, preferencias, actitudes, nuevas formas de comprar y de relacionarse con su entorno, teniendo una diferente manera de concebir el mundo; entonces comprendo que, para conquistar a los mercados actuales, debemos ser románticos y que, para llegar al corazón de las personas, las compañías solo tienen dos opciones: *conquistar y enamorar*.

Esta teoría está inmersa dentro de todos los cambios que se generaron, se están generando y se generaran y es parte del marketing en todo su desarrollo y aplicabilidad, una transformación de la que ya hablábamos hace años atrás y que con la pandemia se acelera, provocando drásticos cambios en el seno de todas las compañías del mundo, llevándolas a replantear todo lo conocido y acelerando su digitalización.

Muchas empresas quedaron en el camino porque no pudieron cambiar, otras aún están en el proceso y las que comprendieron que era la única forma de sobrevivir se sumaron a la evolución y al cambio que el entorno exigía.

En este contexto de cambio y ruptura de paradigmas empresariales, personales, sociales y tecnológicos, nace el *PoeMarketing* como una teoría nueva dentro del marketing y forma diferente en el planteamiento de estrategias para hacer frente al reto de la digitalización.

Entendamos que la única forma de enfrentar la nueva realidad, desde la óptica del marketing, es llegar a los mercados de mejor manera que la competencia, generando experiencia de la mano de la tecnología, lo que supone un cambio empresarial en toda la gestión y los recursos humanos.

Cambiamos, nos adaptamos o desaparecemos, esa es la premisa actual y seguro que el denominador de los nuevos tiempos, negocios, productos y marcas en los años que vendrán.

Ahora enmarquemos y comprenderemos que este planteamiento debe ser aplicado en el ámbito empresarial desde ahora y con más énfasis en el 2022 y los años siguientes.

A través de mi experiencia personal y por lo escrito en mis libros anteriores, tanto de marketing[51] como de poesía[52], mis artículos internacionales en diferentes revistas digitales o los de mi sitio web[53], las conferencias impartidas en el exterior y mi país, la docencia y mis investigaciones a partir del 2011[54], me doy cuenta de que el marketing está con una marcada tendencia a la especialización y la personalización y así lo demuestran las diferentes teorías desarrolladas a lo largo del libro, que dan paso a esta nueva forma de concebirlo, donde la poesía se suma como un nuevo elemento, una nueva estrategia o un tipo de marketing que da paso a lo que denominamos como *PoeMarketing*[55].

La generación de contenidos que busca enamorar al consumidor por medio de sentimientos y emociones que generan experiencias y sensaciones es lo mismo que sentimos al leer o escuchar un poema o un verso; el involucrar sentimientos en lo que se ve o escucha por medio de los mensajes[56] que

---

[51] Gamarra, Gricel. *Marketing y estrategias*. Editorial Máster Bolivia, 2011. Gamarra, Gricel. *Estrategias de marketing, casos y práctica*. Editorial TTotal, 2012. Gamarra, Gricel. *Marketing a nivel Latinoamérica*. Editorial Alfaomega Colombiana, 2017.

[52] Gamarra, Gricel. *Letras y memorias*. Editorial TTotal, 2014.
Gamarra, Gricel. *Recuerdos del olvido*. Editorial La Hoguera, 2015.
Gamarra, Gricel. *Amar*. Editorial TTotal, 2020.
Gamarra, Gricel. *AmarAmar*. Editorial TTotal, 2020.

[53] https://gricelgamarra.com/

[54] Publicación de mi primer libro de marketing.

[55] Poesía y Marketing.

[56] Estrategia de comunicación tradicional o digital.

transmiten las empresas sobre sus productos o servicios y que llevan a la generación de experiencias tangibles e intangibles que enganchan, creando un vínculo afectivo con la marca o el producto.

Desde hace varios años y a través de mis libros, denominé a esta forma nueva de hacer marketing y llegar a los mercados como *PoeMarketing*, que no es otra cosa que "Llegar al corazón de las personas para enamorarlas con la marca, generando experiencias con el producto y creando lazos a través de las emociones"[57].

## *PoeMarketing*

Hoy como nunca, las marcas deben enamorar creando una relación o vínculo entre el amor y el marketing, que supone el eslabón entre lo tangible e intangible, entre la marca y el consumidor, entre el producto y el corazón; vínculo indeleble entre la empresa y el mercado.

El *PoeMarketing* lleva en esencia o agrupa a los diferentes tipos de marketing o estrategias de las que se habló a lo largo del libro, pero que, a diferencia de todos ellos, que están como estrategias separadas, este las enlaza, potenciándolas y formando una amalgama perfecta traducida en las nuevas estrategias que deben aplicarse en las empresas con visión de cambio y desarrollo.

## ADN del *PoeMarketing*

En este sentido, y analizando desde otra perspectiva, el marketing lleva las moléculas del ADN del *PoeMarketing*, es decir, inspiración, emoción, amor y experiencia dentro de la primera

[57] Gricel Gamarra.

cadena y la segunda cadena está conformada por la marca *PoeBrand*[58] y las personas, ambas unidas por las estrategias, el mercado, la venta y el producto.

**Imagen #14. ADN del *PoeMarketing*.**

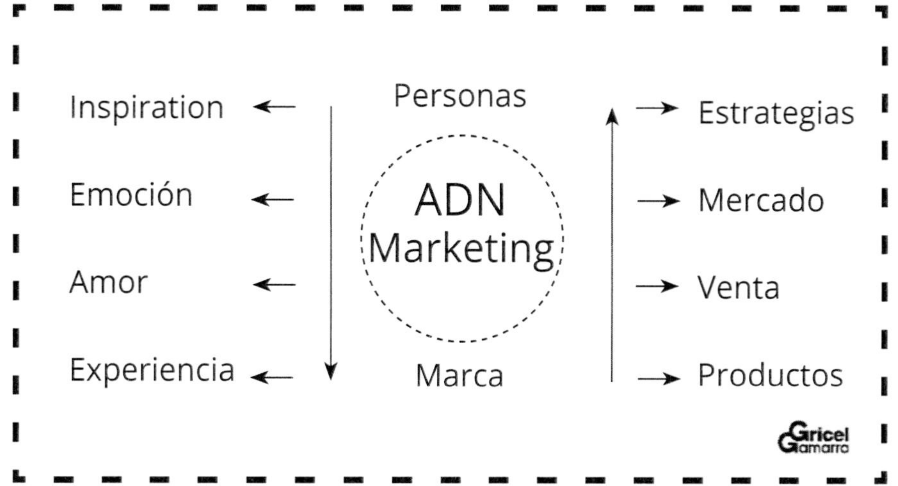


*Fuente: Gricel Gamarra*

## *PoeMarketing* vs. marketing

Entendamos entonces que el *PoeMarketing* es la esencia misma del marketing, su razón de ser y su ADN y que, a su vez, es una estrategia por sí misma, como en la poesía, que está constituida por la rima, ritmo, verso y estrofa; podemos prescindir de alguno de estos elementos, pero siempre tendremos poesía, al igual que en el *PoeMarketing*.

La poesía es el arte de enamorar y llegar al alma transmitiendo sentimientos por medio de las palabras, es parte de la historia

[58] Concepto que será explicado a detalle en el siguiente capítulo.

de la humanidad y parte de nuestra vida desde la antigüedad hasta estos tiempos modernos.

Los versos escritos por el poeta en las penumbras emocionan y despiertan sentimientos y es ahí dónde está el eslabón, el nexo, el vínculo, la conexión entre la poesía y el marketing, que forman lo que hemos denominado como *PoeMarketing*, la corona del marketing hecho amor.

**Imagen #15. *PoeMarketing* vs. marketing.**

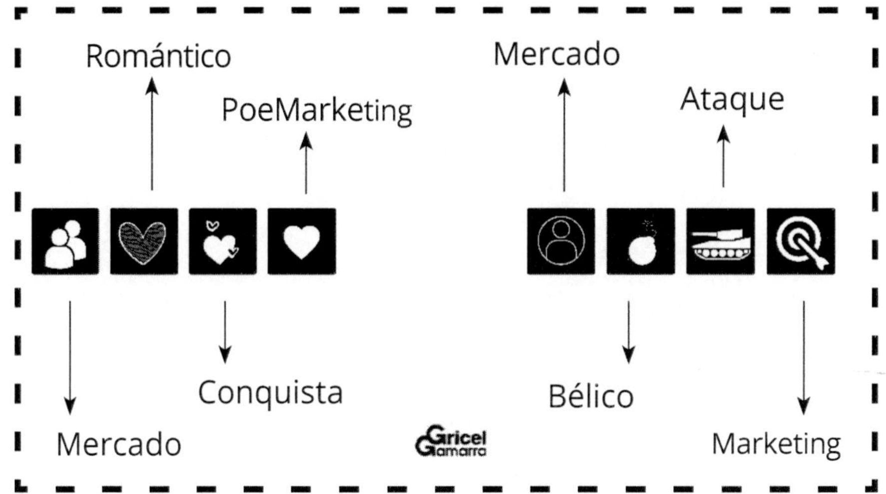


*Fuente: Gricel Gamarra*

A través del PoeMarketing, creamos estrategias y contamos historias románticas para emocionar al consumidor y conquistar mercados.

Estas estrategias deben crearse fusionando los diferentes tipos de marketing y potenciándolas en el PoeMarketing.

A lo largo de la obra, se fue explicando cada uno de ellos para que en este punto comprendamos que tenemos una nueva estrategia que mezcla todas las anteriores en una, incorporando la poesía como el elemento central dentro del desarrollo del contenido y de las historias que se narran.

## Moléculas del *PoeMarketing*

Las moléculas que conforman el ADN del PoeMarketing son las estrategias de marketing en toda su esencia, añadidas a los elementos del plan de marketing y la poesía.

**Imagen #16. Moléculas del *PoeMarketing*.**

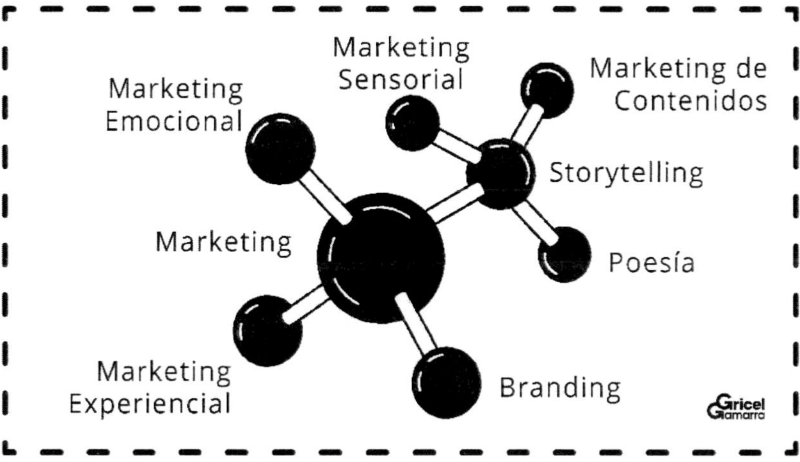


*Fuente: Gricel Gamarra*

El marketing es la composición de muchas estrategias, teorías, diseños, planes, tácticas que llevan al desarrollo y evolución de la disciplina.

Esta es una propuesta sin duda debatible y adaptable de las muchas que están dentro del marketing actual.

Es un enfoque nuevo, donde el marketing y la poesía se unen como elemento estratégico dentro de las empresas del siglo XXI, la pandemia, la postpandemia, los nuevos consumidores, los nuevos modelos comunicacionales, los nuevos tipos de marketing, los nuevos medios y las nuevas tecnologías.

**Imagen #17. Diferencia entre marketing tradicional, marketing digital y *PoeMarketing***

*Fuente: Gricel Gamarra*

Esta se convierte en una guía para los especialistas de marketing para el armado de estrategias donde el PoeMarketing y la utilización de la poesía inspire y genere experiencias diferentes en las personas por medio de los productos, las marcas.

Si bien tiene algún parecido con el marketing emocional y se podría encasillar dentro de él, existen algunos elementos que lo diferencian, como se observa en la siguiente gráfica.

Como se mencionó, el marketing, desde todas sus concepciones teóricas, tiene como finalidad satisfacer necesidades llegando al corazón del consumidor para vender y generar utilidades para la empresa a través de productos y servicios; en este contexto, el "marketing es amor", ya que llegar al corazón del consumidor supone diseñar estrategias emocionales, sentimentales, experienciales y sensoriales.

El *PoeMarketing* se desmarca del marketing emocional ya que, además de la finalidad y elementos y de los otros tipos de marketing o sus especialidades, se añaden tres elementos que no solo lo diferenciarán, sino que lo incrementan en el camino para enamorar al consumidor llegando hasta la fibra más sensible, su corazón y su mente, basado en la inspiración, los sentimientos, la poesía y las percepciones.

**Imagen #18. *PoeMarketing* vs. marketing emocional.**

| PoeMarketing | Marketing Emocional |
| --- | --- |
| Inspiración | Emociones |
| Sentimientos | Empatia |
| Percepciones | Interacción |
| Poesía | Storytelling |
| | Gricel Gamarra |

*Fuente: Gricel Gamarra*

Así llegamos a distinguir cómo está formado el *PoeMarketing* con estrategias conocidas y nuevos elementos que conforman su estructura.

**Imagen #19. Elementos del *PoeMarketing.***

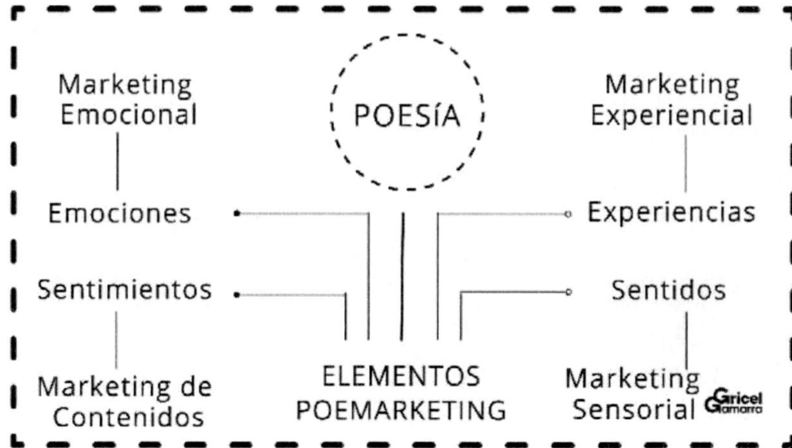


*Fuente: Gricel Gamarra*

Como lo muestra la imagen anterior, el *PoeMarketing* es la suma de estas especialidades del marketing que lo potencian en una sola teoría y donde cada una de estas se convierte en sus elementos, convirtiéndose en la suma de todos y cada uno de ellos, y que deben ser aplicadas dentro de las estrategias de marketing actuales.

## *PoeBrand*

Dentro del *PoeMarketing* añadiremos un elemento más que nos ayuda a comprender la cadena de sentimientos y estrategias que está conformada por nuevos eslabones que se van añadiendo en función al desarrollo tecnológico y los nuevos medios de comunicación; sin duda, no serán los últimos y a lo largo del tiempo veremos nacer nuevas formas y maneras a las que el marketing se irá adaptando.

Tenemos entonces lo que he denominado como el *PoeBrand,* que es parte de las estrategias de *branding* y que fortalece el vínculo entre la empresa, la marca y el producto y el consumidor.

Este lazo está conformado por el *brand intimacy*, las *lovemarks* y los *brand fan*.

De esta manera, el *PoeMarketing* es la construcción emocional, sentimental y experiencial que una marca tiene con las personas para la construcción del *PoeBrand*.

El *PoeBrand* es lo más alto a lo que una marca puede aspirar respecto a la conquista del corazón y mente del consumidor, inclusive va más allá de tener un fan de marca: será convertir la marca en la esencia del consumidor.

**Imagen #20. PoeBrand.**

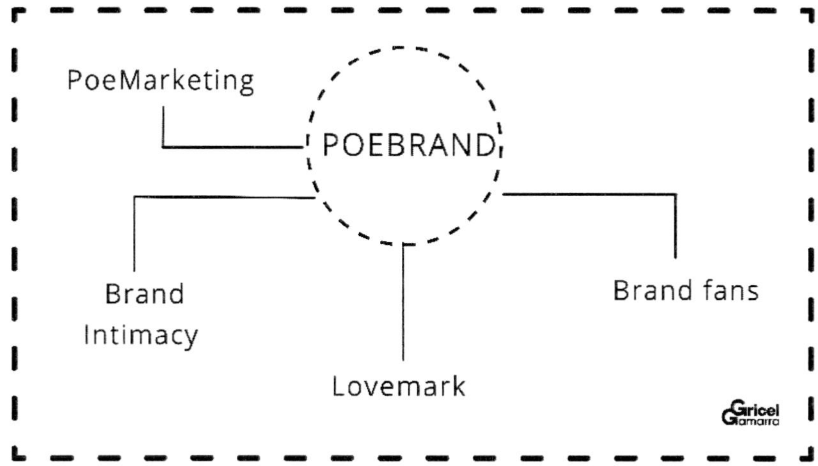


*Fuente: Gricel Gamarra*

La suma de estos tres elementos conforma el PoeBrand.

En la gráfica final, se tiene de manera esquemática la teoría completa del *PoeMarketing* y del *PoeBrand*.

**Imagen #21. Esquema del PoeMarketing.**

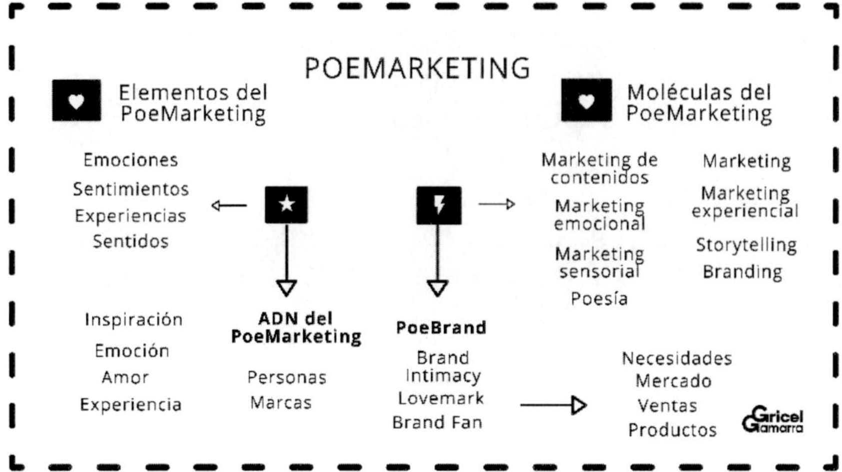


*Fuente: Gricel Gamarra*

***

Actualmente, vivimos en un mundo digital donde podremos encontrar una gran variedad de contenidos en las diferentes redes sociales, desde una publicación de venta hasta un gran contenido cultural. Durante la etapa de pandemia a la que el mundo se tuvo que enfrentar entre 2020 y 2021, pudimos observar una gran cantidad de cursos, *workshops* o talleres donde se nos implementaban estrategias y contenidos para saber generar contenidos en redes sociales. Pero ¿realmente el marketing de contenido es para todos habilidad o conocimiento?

Una técnica de marketing de creación y distribución de contenido relevante y valioso para atraer, adquirir y llamar la atención de un público objetivo bien definido, con el objetivo de impulsarles a ser futuros clientes, la mayor parte de usuarios piensa que el marketing de contenidos se basa únicamente en crear contenidos. Bien, no están desencaminados, el problema está en que crear contenidos no tiene por qué ser marketing de contenidos.

Como generador de contenido especializado en temas de marketing, se ha vuelto un gran reto para el desarrollo de nuevos temas para los estudiantes y público general que ha formado parte de la historia de mis proyectos y comunidades, pues bien, el tema centralizado lo podemos encontrar en diferentes puntos de investigación, como navegadores, libros, e-book, entre otros, pero, realmente, qué me hace diferente al resto de los contendidos.

Saber marcar un diferenciador, una identidad propia, pero, sobre todo, algo demasiado relevante en este medio es ser 100 % originales con todo el contenido; habrá ocasiones donde nos encontremos con plagio de información o incluso plagio de contenido, la imagen y credibilidad que podemos transmitir a nuestros lectores es muy importante, generar valor y seguridad en cada elemento visual será el resultado de un *engagement* adecuado.

Hoy te tomaste el tiempo de leer este artículo y, si bien eres un *community manager* o generador de contenidos, no importa que no sea de marketing o alguna otra índole, te quiero compartir unos breves consejos que serán muy útiles para tu contenido y el éxito y resultado positivo que siempre buscamos:

1. Sé constante con tu contenido.
2. Entiende a tus lectores, escúchalos y entiéndelos.
3. Recuerda que el contenido es para ellos, no para ti.
4. Cuida tu ortografía.
5. Generar un contenido fácil de consumir, práctico y entendible.
6. Crea tu propia identidad, sé único.

Te aseguro que al seguir estos breves consejos cada día poder generar un contenido será más sencillo en tu vida diaria, pero, sobre todo, recuerda la regla más importante: JAMÁS TE DES POR VENCIDO.

Un gran ejemplo que quiero compartirte es la historia de tu servidor y mi gran amiga y escritora de este gran libro y una gran serie de grandes libros de marketing y poemas; sin duda hemos podido colaborar en los últimos años y ahora, gracias a las plataformas virtuales y el tema pandémico en el que vivimos, hemos tenido la facilidad de colaborar en dos grandes congresos internacionales de marketing, publicidad, comunicación, entre otros temas. Entendimos la situación en la que actualmente nos encontrábamos, donde el contacto físico se veía detenido por un tiempo indefinido, pero qué le puede detener a un mercadólogo: nada, en realidad. Gracias a nuestra experiencia y años en este medio, construimos congresos internacionales a la comodidad de sus hogares, creamos generación de contenidos de talla internacional, ese tipo de contenido donde tal vez no tenías conocimiento o bien te apoyamos a reforzar tus conocimientos; esa es la esencia de un contenido entendido, analizando cuáles eran las necesidades de nuestros seguidores; como te lo comenté en mis *tips*, uno de los más importantes es conocer y escuchar a tu público.

Como te lo vengo platicando y dando varios consejos gracias a estas estrategias, hemos podido generar una diversidad de contenidos y colaboraciones para todas las nuevas generaciones de estudiantes y profesionistas a lo largo de nuestro gran continente americano.

**Hiram López**
México

***

Hoy en día, el marketing nos permite estar hiperconectados.

Gricel Gamarra, autora, *speaker*, experta en marketing, mentora y amiga. Hay muchas formas de llamar a esta gran persona y todas son positivas. En lo personal, tenemos el gusto de haber colaborado con ella en varias ocasiones y siempre nos motiva de alguna forma a seguir aprendiendo.

Los temas que plasma en este octavo libro son extraordinarios y sumamente importantes para nuestra vida profesional. Algo que siempre ha caracterizado a Gricel es su pasión, su entusiasmo, su ser y, sobre todo, su famoso *PoeMarketing*, que en lo particular nos resulta algo sublime. Es increíble como, a pesar de la distancia, podemos estar conectados. Justamente, el marketing que nos une también nos hace partícipes de grandes experiencias y formas nuevas de comunicación, tanto como empresa como consumidor.

Si analizamos este proceso, podemos denotar que antes las empresas solo se interesaban en el producto. A medida que pasaban los años, la competencia comenzó a existir, por lo cual se vieron obligadas a buscar nuevas estrategias de promoción y venta. La comunicación en aquel entonces era unidireccional, es decir, "yo, empresa, te digo a ti, cliente, que este producto es mejor que cualquier otro en el mercado". Lo importante en ese entonces era persuadir a los clientes para comprar dichos productos sin importar su opinión. A medida que pasaron los años, la definición de "marketing" como tal se hizo presente. Las empresas comienzan a preocuparse por las necesidades que tienen sus consumidores y, con base a ello, se comienzan a desarrollar productos que puedan satisfacerlas. En este punto, podemos definir entonces que ya no se trata solo de promover productos o servicios, sino de concentrarse más en los clientes y en fidelizarlos.

Actualmente, vivimos en un mundo hiperconectado. La tecnología nos ha alcanzado y, si no damos el siguiente paso, nuestra empresa puede quedar obsoleta. El marketing digital no es nuevo, pero desafortunadamente existen muchos negocios que no están aplicando sus estrategias de comercialización a través de medios digitales tan necesarios como página web, tiendas en línea, redes sociales, etc., en donde la comunicación con tus clientes ya no es solo unidireccional, sino bidireccional. Gracias a este tipo de comunicación, tu cliente puede darte *feedback* acerca de sus necesidades, preocupaciones e incluso la opinión que tiene de tu marca. Ya no solo te concentras en vender por vender, sino que obtienes información de primera mano para poder fidelizar y convertir a tus seguidores en comunidad.

La competencia siempre existirá, es por eso por lo que debemos aprender a diferenciarnos y utilizar todas las herramientas que el marketing nos puede ofrecer para potenciar nuestro negocio. Desafortunadamente, en marzo de 2020, la pandemia obligó a todo el mundo a estar en cuarentena por temas de seguridad, lo que provocó que muchas empresas tuvieran que cerrar por falta de clientes; sin embargo, si nos ponemos a analizar, en tan solo 4 meses avanzamos más que en los últimos 4 años; consumidores que no se sentían cómodos comprando en línea se vieron en la necesidad de hacerlo, al igual que negocios que no confiaban en la tecnología o en plataformas digitales tuvieron que adaptarse rápidamente o irse a la bancarrota. Es un tema realmente complicado y a la vez triste, sobre todo para esas personas que con mucho esfuerzo emprendieron y de la noche a la mañana se quedaron sin clientes. Recuerda que todo va de la mano. El marketing te puede dar la oportunidad de conocer más a tus clientes, fidelizarlos a tu comunidad y mantener una relación con ellos a largo plazo. Esto, a su vez, nos lleva a un nuevo tipo de cliente, un cliente hiperinformado, hiperconectado, un cliente que compara y no se conforma con lo primero que encuentra en el mercado, los clientes han perdido la fidelidad a una sola marca debido a que consideran no solo importante la calidad y el precio del producto, sino que buscan que las empresas sean socialmente responsables y cumplan con sus valores e ideologías. Cada vez nos será más difícil llegar a ellos, pero no imposible. Es por esto por lo que estamos seguros de que este nuevo libro de nuestra querida amiga Gricel Gamarra podrá otorgarte una visión más amplia o profunda del maravilloso mundo del marketing.

Gracias por todo, con amor desde México.

**Omar Said (@soyomarsaid)**
**Isabel Hernández (@soyisahdez)**
Fundadores de Marketing Time
México

# Epílogo

Hablar de las tendencias del marketing digital es hablar de un mundo infinito de posibilidades. El mundo cambió tanto que nos encontramos frente a movimientos exponenciales en todos los sentidos; la pandemia trajo con ella cambios que nunca antes habíamos visto ni vivido y estos se dieron, se están dando y lo seguirán haciendo también dentro del marketing; el camino a la digitalización es un viaje sin retorno y lo debemos comprender así. En este contexto, el marketing se fue adaptando y cambiando, aunque en esencia sigue siendo uno; no es que haya diferentes tipos de marketing, ni mucho menos, o que uno esté reemplazando al otro, no, el marketing está en camino a la especialización, personalización y adaptación continua a los cambios en la tecnología y el surgimiento de los nuevos medios digitales, el metaverso, la inteligencia artificial, la realidad aumentada, la robótica, el internet de las cosas, etc. y lo que vendrá hará que este se especialice aún más.

Hoy podemos hablar de muchas tendencias dentro del marketing digital, que, sin duda, no son las únicas y seguirán apareciendo nuevas, como el marketing emocional, marketing de contenidos, marketing de experiencia, marketing sensorial, marketing auditivo, marketing visual, marketing olfativo, marketing táctil, marketing gustativo, marketing personal, marketing *on off*, marketing en redes sociales, *mobile marketing*, marketing interactivo, vídeomarketing, geomarketing, marketing estratégico, marketing operativo, endomarketing, marketing B2B, marketing B2C, marketing H2H, marketing ecológico, marketing de guerrillas, marketing viral, marketing de influencia y tantos tipos de marketing o especialidades que tenemos hoy en día y las que aún faltan por llegar.

# Bibliografía


Alvarado, Liliana (2013). *Brainketing*. Editado por UPC.

Aguilar, Anuor (2016). *Mutagenus*. Editorial Mesa Redonda.

Aguilar, Anuor (2019). *De cliente a fanático*.

Gamarra, Gricel (2017). *Marketing.* Editorial Alfaomega Colombia.

Ghio, Marcelo (2011). *Oxitobrands: marcas humanas para un mercado emocional*. Editorial Planeta.

Godin, Seth (2008). *Tribus*. Piatkus.

Kotler, Philipp (2021). *Marketing 5.0*. Editorial Almuzara.

Kotler, Philip y Armstrong, Gary (2013). *Fundamentos de marketing*. Editorial Pearson.

Quiñones, Cristina (2013). *Desnudando la mente del consumidor*. Editorial Gestión 2000.

Ries, Al y Ries, Laura (2000). *Las 22 leyes inmutables de la marca*. Editorial McGraw-Hill Spanish.

Roberts, Kevin y Lafley, A. G. (2004). *Lovemarks*. Editorial Empresa Activa.

Stalman, Andy (2015). B*rand off on. El branding del futuro*. Editorial Centro de Libros, España.

Stalman, Andy (2020). *Totem*. Editorial Planeta Libros.

Stalman, Andy (2018). *Humanoffon*. Editorial Planeta.

Sanagustín, Eva (2013). *Marketing de contenidos*. Editorial Anaya.